上海外国语大学
SHANGHAI INTERNATIONAL STUDIES UNIVERSITY

一带一路
国家与地区文化研究译丛

［坦桑］丹尼尔·加卢奇·恩达伽拉 ／著

马骏 宁艺 ／译

UTAMADUNI NA
MAENDELEO
NCHINI TANZANIA

坦桑尼亚

文化与发展

中西书局

著作权合同登记号　图字：09－2024－0137

图书在版编目（ＣＩＰ）数据

　　坦桑尼亚文化与发展 ／（坦桑）丹尼尔·加卢奇·恩
达伽拉著；马骏，宁艺译． -- 上海：中西书局，2024
　　（"一带一路"国家与地区文化研究译丛）
　　ISBN 978-7-5475-2269-1

　　Ⅰ．①坦… Ⅱ．①丹… ②马… ③宁… Ⅲ．①文化发
展－研究－坦桑尼亚 Ⅳ．①G142.5

　　中国国家版本馆CIP数据核字(2024)第096150号

坦桑尼亚文化与发展

[坦桑]丹尼尔·加卢奇·恩达伽拉　著

马　骏　宁　艺　译

责任编辑	邓益明
装帧设计	王轶颀
责任印制	朱人杰
出版发行	上海世纪出版集团 中西书局(www.zxpress.com.cn)
地　　址	上海市闵行区号景路 159 弄 B 座(邮政编码:201101)
印　　刷	浙江天地海印刷有限公司
开　　本	700 毫米×1000 毫米　1/16
印　　张	12.5
字　　数	159 000
版　　次	2024 年 10 月第 1 版　2024 年 10 月第 1 次印刷
书　　号	ISBN 978－7－5475－2269－1/G·789
定　　价	65.00 元

本书如有质量问题,请与承印厂联系。电话:0573－85509555

作 者 序
——写在中文版出版之际

当我收到那封邮件,被询问本书是否能译为中文出版时,我感到非常惊讶,准确地说是惊喜。这份喜悦不仅是因为中国是一个大国,中文的使用人数众多,更是因为坦桑尼亚和中国之间的美好情谊。自 1965 年坦桑尼亚联合共和国与中华人民共和国签订友好条约①以来,两国友谊逐年加深。当我重看那封邮件时,我想起坦桑尼亚国父、首任总统朱利叶斯·坎巴拉吉·尼雷尔导师 1965 年 2 月的访华之行,以及尊敬的周恩来总理 1965 年 6 月到访坦桑尼亚的情形。我还想起 1968 至 1976 年间,成千上万勤劳勇敢的中国工人来到我国建设坦赞铁路并成功通车,整个项目建设仅仅花了 5 年(1970—1975)。我还记得中国的杂技艺术家们来到坦桑尼亚展现堪称"奇迹"的杂技艺术,以至于坦桑尼亚政府向中国派遣了小留学生学习杂技。毕业后那些孩子们回到坦桑尼亚,成了优秀的杂技演员,组建了后来的国家恩戈马舞蹈团(Kikundi cha Ngoma cha Taifa)。想起以上种种,对于是否能将拙作译为中文这个问题,我的答案显而易见:我完全同意本书译为中文并出版。

这篇序言是我专门为了《坦桑尼亚文化与发展》一书的中文版而作。

---

① 《中华人民共和国和坦桑尼亚联合共和国友好条约》,1965 年。

之所以重新撰写这篇序，主要是出于以下两个原因。首先，我很高兴本书不仅能在斯瓦希里语世界传播，还能供使用其他语言的读者阅读。如果没有被译作外语，本书的读者无疑将被局限在2亿斯瓦希里语使用人口中。这次推出的中文版将本书的读者拓宽至全球范围内超过14亿的中文使用人群。此事十分重要，同时也让我内心无比激动。第二个原因则是书中关于文化和发展二者间关系的种种讨论都可以在中国找到实际例证。中国人对中华文化视如珍宝，倍加爱惜。此外他们为了保护、运用、发展中国文化也建立了许多成熟的机构。中国文化造就了中国人民勤劳、热情、奋进和爱国的品德。他们通过多样化的机构组织、丰富的宣传渠道来传播中国文化，并且清楚地认识到文化是在各领域内开拓新视野的关键所在。不仅如此，对中国人而言，文化还是他们与世界各国人民建立并巩固彼此联系的重要手段之一。中国文化秉承海纳百川的原则，与世界各国文化自由交流，同时又能保持其文化特色。非洲和中国在许多发展领域内的关系往往始于中非文化交流并因这种交流而得到夯实。我们坦桑尼亚人仍有许多要向中国人学习的地方。

我撰写本书的目的在于展示文化和社会发展间的关系，以及这种关系在坦桑尼亚国内究竟是如何呈现的。我相信如果无法诠释文化的含义，那么这种关系也无法被人领会。这是因为当很多人谈及文化时，往往指的是艺术或某种传统范式。因此我决定在首章就对文化的含义进行阐释，以便为接下来讨论文化如何影响坦桑尼亚的发展打下基础。我希望坦桑尼亚人能领会文化的含义，肩负起建立、保护、发展我们的文化的责任。正是出于这一目的，我才使用了坦桑尼亚的官方语言——斯瓦希里语撰写了本书。

坦桑尼亚是一个多民族、多宗教的国家，这也使各个阶段的社会文化建设均呈现出多元化的状态。由于国内文化多元化的程度很高，因此无论是本国人还是外国人，在坦桑尼亚各地几乎总能见识到不同的文化样本,这一点也令人愉快。不同的文化往往体现在服饰、语言、饮食烹饪、音乐、舞蹈等领域。在文化多元的前提下,各种各样的文化将我们彼此联系在一起,使我们可以骄傲地说我国的文化丰富多彩,因为各民族的文化都是其重要的组成部分。我国文化的重要元素之一是斯瓦希里语,它使各民族都能轻松地交流,为我们夯实了国族基础。很难想象如果没有斯瓦希里语,我国 120 多个民族如何才能做到相互理解。我在阐述坦桑尼亚发展的部分详细介绍了斯瓦希里语的职能和斯瓦希里语作品译为其他语种的重要性。

世界如今已越来越贴近地球村的构想,由于传媒技术的飞速发展,人们可以很轻松地相互见面、联系。这无疑是一件好事,然而我们更应反躬自问:究竟有多少国家,尤其是像坦桑尼亚这样的发展中国家真正从这种日新月异的巨大变化中获益了?各类商品的制造商和销售商相较于过去而言能够更轻易地宣传和销售自己的商品,与此同时,消费者相较于过去而言也能更轻易地购买到自己所需的商品。无论是人还是商品,今时今日都能够更方便快捷地在世界各地流通,此即为全球化的面相之一。我试图剖析我们坦桑尼亚人在全球化中如何获益,并最终发现,与中国不同,坦桑尼亚在如今的全球化浪潮中的获益比我们预想中要少得多。传媒技术的发展使我们能够更轻易地接触到世界各国的文化,并且还使我们能直接取用或模仿我们看到的内容。如何对具有其他文化背景的人群开放我们的社会,使他们看到坦桑尼亚文化中的多元性,并选取适合他们的内容,则成了一种挑战。在此我呼吁坦桑尼亚人不要只限于通过全球化平台从外界获取文化内容,我们也应利用这一平台宣传坦桑尼亚文化。甚至在引进其他文化时,当然我们有选择的自由,但也应尽量选取那些积极向上的文化内容。具体来说,就是要挑选那些能够凝聚人心、塑造国格的内容。我在书中就坦桑尼亚人应如何在避免伤害我国文化基础的前提下从全球化发展中获益提出了若干建议。

在第十四章中,我试着从包括文化资源在内的资源角度深入介绍坦桑尼亚的优势,我们面临的困难主要是观念的落后。多年来,以西方经济学家和各类"发展专家"为主的学者们一直宣称我们是一个穷国,我们贫穷的根本原因在于我们的习惯、风俗和传统,一言以蔽之:根本原因在于我们的文化。不幸的是,许多国民和领导人都相信这番言论,认为坦桑尼亚作为一个穷国,如果离开了外国(特别是西方国家)的援助和贷款,就无法有任何作为。另一个让我们裹足不前的原因则是我们热衷于寻求私营商业机构来我国开展所谓的"投资"。从过去到现在,长期以来有许多人相信"投资者"将为国民带来好运。这种观点使部分国民乃至我们的政府都丧失了自强的动力,使我国在那些本可以自力更生的领域也沦为配角。如果我们想要赢得经济上的胜利,我们必须拥有"意志先于装备"的信念。我的主要论点就在于,文化对于塑造民族自信而言至关重要。

我要向所有为了本书中文版出版工作而奔走的朋友们郑重致谢。首先是马骏老师和宁艺老师,他们代表上海外国语大学东方语学院斯瓦希里语专业和东非研究中心,为本书的翻译工作作出了卓越贡献。我很高兴马骏老师能挑选本书译为中文以飨中国读者。此外我还要感谢本书的出版社中西书局,特别是负责本书出版工作的编辑邓益明先生。最后,我要感谢本书原斯瓦希里语版的出版商马太书社(Matai and Company Limited),特别是其社长阿尔伯特·姆瓦伊帕尼亚(Albert Mwaipanya)先生。衷心感谢以上所有学者和朋友。

目　录

前　言

❦

　　《坦桑尼亚文化与发展》一书的作者丹尼尔·恩达伽拉博士选取了一个很难下笔讨论的课题,文化这一课题外延甚广,因而引发了许多有争议的问题,而这些问题长久以来没有得到令人满意的解答。

　　恩达伽拉博士在其大作中触及了文化相关的各个话题,其目的是引发新的思考,激发对我们日常生活而言意义非凡的文化议题,进行更广阔、更有深度的讨论。尽管对于学者而言这是老生常谈的话题,然而恩达伽拉博士并未止步于此,而是为读者提供了顶尖学者对于文化和发展含义的独特视野与思考。

　　本书作者赞同坦桑尼亚国父——朱利叶斯·尼雷尔导师的思想,即文化对任何国家而言都是其生命力和意志的核心,从这一逻辑出发,不具备独立文化的国家将被视为"亡国灭种",正如一句斯瓦希里语谚语所言:"旗随风飘。"①

　　众所周知,文化的意涵极为广泛。根据联合国教科文组织(UNESCO)的定义,文化是相关社会中出现的包括灵魂、肉体、智力、感受等诸多元素在内的集合。作者指出,这些元素主要通过传统、习俗、语

---

　　①　源自斯瓦希里语谚语"Bendera fuata Upepo"。

1

言、信仰、艺术、娱乐、教养后代和文化传承等内容体现。

在书中作者警告说，出于世人皆知的缘由，如果统治者、政策制定者、发展决策者们继续削弱文化在改革与发展事务中的影响力，我国将无法建立起能为全体国民谋福祉，增强国民自信心的可持续发展经济体系。[①]

作者的这番话对我们而言丝毫不是危言耸听，而且在我国推动工业经济建设时期更显得恰逢其时。此处须特别强调一下语言，它是诸多重要文化元素里唯一一个在可持续工业经济建设中不可或缺的元素。作者援引了一百多年前在意大利巴盖里亚(Bagheria)出生的诗人伊尼纳齐奥·布蒂塔(Ignazio Buttitta)的诗句来解释语言或文化的意涵究竟有多广，它们不是围墙，而是人类发展的基石。

> 监狱里的人们，
> 脱去衣裳，
> 紧闭着双唇，
> 依然是自由的。
>
> 被剥夺工作的人，
> 被收走护照的人，
> 被抢走餐桌的人，
> 被侵占床铺的人，
> 依然是富有的。
>
> 人们之所以沦为乞丐和奴隶，
> 只有在他们被剥夺了自己的语言的时候，

---

① 译者注：此处为前言作者间接引述，与本书作者之原文有出处，参见本书序章第2页。

他们父辈留下的，

已经永远消逝不见。

　　我担心继续沉浸在这首优美的诗里甚至会让我忘记自己要写的是前言而不是一本皇皇巨著。我们只需要知道这首诗足以支撑作者的观点。除了对文化和发展的含义展开辨析外，他还在本书中就许多充满挑战性的内容，以及斯瓦希里语在我国教育、宣传、日新月异的媒体技术发展、传统艺术品流失等诸多方面的问题展开讨论。

　　当前我们正面临高质量斯瓦希里语学术专著匮乏的困境。包括本书在内的诸多优秀学术著作无疑将为我们国家这个举世闻名的斯瓦希里语诞生地解决这一困境带来希望。

　　我衷心希望能早日在坦桑尼亚国家图书馆、议会图书馆、众议院、高等教育协会代表委员会看到此书，以使书中观点能够影响更多在这个国内经济改革、媒体技术和传播环境日新月异的重要时刻身处决策层的坦桑尼亚人。

哈里森·G. 姆瓦肯贝博士

新闻、文化、艺术和体育部部长

坦桑尼亚联合共和国

2018 年 12 月 2 日

序　章

现在是劳动分工专门化的时代,许多时候国民总是无法直接参与国家决策。因此作为有幸接受过高等教育的人,我们任重道远。我们因国民税金支持才得以接受教育。现在我们必须代表他们处理繁杂的统治及各类专项事务,作出适合他们生活情况的正确决策。我们有责任就那些难以直接看到成效的事情向人们提出建议。以上所有工作我们都应该全力以赴。然而与此同时,**我们必须意识到我们的工作是在繁琐复杂的政治事务领域服务,引导人民,为他们建言献策、排忧解难、以理服人。因为我们接受的教育并没有使我们有权利凌驾于他人之上,它也没有让我们有什么骄傲自大的本钱。**①

朱利叶斯·坎巴拉吉·尼雷尔

1967 年

我撰写本书最大的原因是要向人们解释何为文化,以及文化究竟

---

① 节选自坦桑尼亚联合共和国首任总统朱利叶斯·坎巴拉吉·尼雷尔(Julius Kambaraji Nyerere)1967 年 4 月 10 日在开罗大学发表的演讲内容。这次演讲全文收录在其著作《乌贾马》(Ujamaa)中,该书 1968 年由牛津大学出版社出版。引文部分在第 88 页。译者注:加粗部分由作者标注。

如何与发展相联系。在写作的过程中,我始终重视本章开头引用的国父尼雷尔总统的讲话。我是一个有幸接受过高等教育的坦桑尼亚人,学费资助也由坦桑尼亚政府承担。我赞同国父的观点,获得这一机遇的我们理应为人们就那些难以具象化的事务提供咨询服务。文化这一概念也包含在其中,而人类的文化与发展之间的联系如此紧密也是显而易见的事实。

我在本书里尝试阐明文化的寓意以及文化如何与各行各业产生联系并推动它们发展。同时我试图为文化的合理定义、使用以及评估找到答案。我在书中使用了许多优秀的、符合现代价值观的传统习俗案例。我的目的在于让更多人了解这些传统习俗以及其他重要的文化元素,继而使它们得到相应的保护,为建设发展型国家提供支持。除此之外,我在书中还提出了许多建议,我相信它们若被采纳,将进一步巩固我国的文化,使全体坦桑尼亚人都能享受以和平、统一和团结作为保障的发展成果。不仅如此,我还强调统治者、立法者和发展决策者们如果继续忽视文化在我国发展变革中的重要地位,将不利于我们为全体国民建立能让他们生活得越来越好、为之自豪的可持续发展经济体。

我不曾,也不想在此对任何文化进行辩护、褒奖或鄙视。我国国内所有类型的文化都同样重要,它们共同构成了我国文化的多元性。因此我总体上使用了大量正面的、与文化机遇相关的案例,而不是我国各地不同文化中的负面案例。例如在介绍传统习俗时,我挑选的案例多是正面的,全体坦桑尼亚人都应该了解、运用并推动这些传统习俗以形成进步的国家文化。当然,这么做不代表我认为没有负面的传统习俗。我国自然存在陈规陋习,这类传统习俗理应被抛弃。然而,如果对陋习的起源或基础都不甚了解,也很难谈得上将其抛弃。综上所述,对我国国内的各类文化展开研究就变得至关重要,这样我们才能辨明究竟哪些内容是谷壳,哪些内容是谷粒,才能做到取其精华、去其糟粕。部分文化批评者过分关注负面或过时的传统习俗，在他们的认知范围内，这些内容就是文化的全部。这种偏激的看法与立场使他们无法放眼全局，看到文化的其他优点以及蕴藏的机遇。我相信在阅读本书之后，这类人将会意识到我国各类文化中的优点并将其运用于国家建设当中。

2004年于阿鲁沙国际会议中心举办的教育首脑峰会的参会者们给予我撰写本书的莫大信心。当他们就我题为"文化、教育和发展"的文章展开讨论时，一位在中学担任教师的参会者建议我写书，拍摄文化专题系列讲座视频。这位参会者认为这些工作已经迫在眉睫，因为现在学校里没有文化相关内容的教材。他的提议得到了会场内所有人的认可，我也向他许诺"我会试试看"。彼时我还没有意识到时间竟然流逝得如此之快，十多年过去了，我仍没有写完这本书，也没有制作相关的讲课视频。我已经准备了若干初稿，然而每当要把它们寄给出版社时，我又会迟疑，感觉书稿仍有不足之处。最终我鼓起勇气，决定写下《坦桑尼亚文化与发展》一书。在这本书中，我解释了在我看来当下最重要的是什么，我希望能有其他人来补全我遗漏的地方，或是就我提及的内容进行更加深入的挖掘。如此一来，我们将积累更多与文化和文化范式相关的资料。

本书共有十四章，每一章都有引言和结语，方便读者在没有预先阅读其他章节的情况下轻松理解其中的内容。这一书写方式也使我不必在本章中解释每一章的主旨。不过读者最好在阅读其他章节之前先阅读第一章，以便理解本书中提及、日后生活中也将不断出现的关于"文化之内涵究竟为何物"的讨论。我在每一章中的必要之处对此进行阐释，提出了相关建议和规劝谏净。

第十四章结束之后本书还有一个附录，这是由我的好朋友，也是一位文化爱好者，已故的杰克森·M.马奎塔（Jackson M. Makwetta）撰写的特稿，这篇文章的标题是"'乌塔尼'部族关系——坦桑尼亚和平稳定的支柱"。尊敬的马奎塔就乌塔尼(Utani)为何物写下了这篇引人入胜且充满号召力的特稿。乌塔尼是我国文化的标志,理应由下一代继承。坦桑尼亚国内各人群、各部族间存在的乌塔尼关系放眼整个非洲大陆都称得上独树一帜。我建议本书的读者不要将已故的马奎塔对坦桑尼亚人传递的这一讯息置之脑后。遗憾的是他在这篇文章发表之前已经去世。因此,我想我这次也算履行了发表其文章的承诺。

本书是我以前在政府部门和国际组织中工作、对坦桑尼亚和其他社会的文化所做的研究,以及包括此前已经列出的部分参考资料中所获知识与经验的总和。在坦桑尼亚联合共和国政府中工作的经历使我得以深入探究文化与其他领域之间的关系。这种研究让我意识到文化是一个多领域交汇的场所。这种关系很大程度上使我能坚持我的观点——无论是我国政府公共领域还是私人领域内的发展计划,如果能进一步重视文化在社会中的作用,将会更加有成效。文化的确是任何社会未来发展的基础所在。

我在本书各章中传递的讯息归根结底就是我们要利用好文化中的积极因素,建立有发展空间的国家文化。仰赞天恩,我们国家物产丰富,人民爱好和平。我们应当利用好这一优势,建设稳定、可持续、能为全体国民谋福祉的国家。国家文化是发展的重要元素,也是我们争取进步与发展的重要指导。

从我决心开始撰写本书起,许多人都给予过我鼓励与帮助。限于篇幅我只能提及其中部分人。哈里森·G. 姆瓦肯贝博士(Dr. Harrsion G. Mwakyembe)鼓励我并为我撰写了前言。我还要特别感谢玛丽亚女士(Bibi Maria / Mama Godi),她是我的房东,在听闻我要撰写本书后主动减免了我的房租。阿尔伯特·姆瓦伊皮亚纳(Albert Mwaipyana)阅读了全部初稿并给出了中肯的意见,使我信心倍增。我还得到了来自国家艺术委员会的葛弗雷·L. 姆恩格勒扎(Godfrey L. Mngereza)以及电影审查委员会的乔伊斯·菲索(Joyce Fisso)关于部分出处不明的艺术与图像的意见。我想对以上所有提到的以及我尚未提及的朋友衷心道谢,愿上帝永远保佑你们。

丹尼尔·K.恩达伽拉

达累斯萨拉姆

2015 年 9 月

第一章 文化是什么？

引 言

文化一词在日常生活中往往在一定程度上被政客、学者、公务员和非政府组织等群体或机构使用并且广为人知。不幸的是，许多使用者并没有理解这个词的含义。例如你可能会听到有人说："某人没有读书的文化。"他的意思可能是这个人没有学习的习惯。又有人会说国民们没有"清洁文化"，他可能指的是保持清洁的习俗。我也听过另一些人说他们喜欢"音乐文化""歌曲文化""服饰文化"等等。对文化一词的使用并没有阐明文化本身的含义。如果不理解文化的含义，就很难辨明文化事物和非文化事物。

这种情况使我想起"盲人摸象"的故事。简单来说，这个故事讲的是几个盲人被带到大象跟前，通过触摸来介绍它的外形。第一个盲人摸到了大象的脚，然后说道："大象就和支撑我们屋子的柱子一样大。"第二个盲人摸到了大象的鼻子，插话道："大象和拐棍一样，只不过它更大一点。"第三个盲人摸到大象的耳朵，说道："大象这种生物和大簸箕一样。"这些盲人中的每一个人都把大象的外形与自己碰巧触碰到的部位联系起来，同时每个人都把自己触碰到的大象部位描述得非常形象具体。然而事实上，他们描述的仅仅是大象的一个部位而已。尽管这些部位都是大象身体的一部分，但大象远大于这些盲人触碰到的部位。大象是一种拥有多个器官的动物——包括内部器官与外部器官，这些器官各自独立，又有机统一，使得大象得以维持正常生活。因此，前文中我提到的对文化一词的使用是正确的，但文化相较于大多数人的思考而言具有更广泛的含义。我将阐明它的含义，以便为接下来将要进行的讨论打好基础。

文化的含义

文化的含义有很多种解释，这是从人类学家的角度来看，很长一段时间内这些解释引发了有关文化的大讨论，并造成了种种误解与分歧。一些学者声称文化是一种总结所有社会生活行为的重要事物：价值物、行为、符号与标志、研究机构，以及关系（Geertz，1973）。另一些学者声称如果文化指的是每一种事物，这种含义就毫无意义。他们反而认为文化是社会成员所有道德、立场、信仰、企图以及期望的总和。[①]《大不列颠百科全书》对文化进行了如下解释：文化是经验、信仰、习惯……语言、思想、传统、禁忌、规则、研究机构、内容、技能、艺术、仪式、庆典以及其他与这些事物有关的集合。

对人类学家来说，文化往往将各种各样的人类创造、社会习惯以及思想凝聚在一起。在西方社会（欧洲、美国与加拿大），文化常被许多人看作是富人的特权、奢侈品，而不是一种必需品。在坦桑尼亚，首任总统朱利叶斯·坎巴拉吉·尼雷尔曾表示文化是国家生存与发展的基础，没有文化的国家只是一群没有灵魂的人的集合。[②] 这些关于文化内涵的解读与文化在不同立场下的定位困扰着全世界的政策制定者与

---

① Samwel P. Huntington and Lawrence E. Harrison，2000，p. xv.
② 参考尼雷尔总统 1962 年 12 月发表的总统就职宣言。

学者。

1982年,联合国教科文组织(UNESCO)在墨西哥城召开了世界文化政策会议,会上强调,各国要尝试消除障碍,建立共识,讨论文化在发展中的作用。本次大会通过了如下决议:

> 现在文化可以被理解为是社会以及社会团体公认的包括灵魂、肉体、智力以及感受在内的种种事物的集合。它不仅包括艺术与文学,同样包括生活方式、基本人权、价值体系、习俗与信仰。

这一解释来源于此前提到的众多关于文化是一种与社会中每个人息息相关的宽泛而重要的内涵的阐释,既可以小到民族也可以大到国家。①

我国1997年颁布的《坦桑尼亚文化政策》(Sera ya Utamaduni)中对于文化曾作出与联合国教科文组织召开的世界文化政策会议相似的解读。这份文件中说道:

> 文化是社会为了满足其发展要求而产生的所有事物的总和。换句话说,文化是社会(中人们)生活的活动,是人们对事物的立场,是将社会成员的生活与其他社会区分开(或者使其相似)的规则。②

很明显,文化不能单独存在于某一个人身上,而应存在于社会之中。意识到文化是代代相传的同样很重要。某一社会的文化通常会由于各种各样的原因变得衰弱或稳固,本书将对其中部分原因展开介绍。除此之外,文化也会发生改变,甚至由于社会内部或围绕社会展开的种种事物的

---

① 1871年,爱德华·伯内特·泰勒(Edward Burnett Tylor)将文化诠释为一种包括经验、信仰、艺术、道德、法律、传统以及每一个社会成员身上存在的特质的强有力集合。

② 译者注:括号中的内容由本书作者添加。

变化而以一种规律的形式进行改变。

文化的主体

文化并不像穿在人身上的衣服，人们可以从衣着判断这件衣服是否合身、有何种颜色、崭新还是陈旧。文化常通过某些东西明辨自我，我将这些东西称为文化的"主体"。文化的主体包括传统、习俗、语言、信仰、艺术、娱乐、抚养与继承。这些内容共同构成了文化的方方面面。尽管许多人常认为"传统"与"习俗"这两个词语的含义相同，但我仍建议把它们区分开，原因我会在之后陈述。传统与习俗种类繁多，涉及人类生活的各个角落，例如出生、成长、婚嫁、衰老以及死亡。以下是对各个文化主体的阐释。

◉ 传统

传统是进行社会活动的基础。如果你问人们为什么做某事，他们会回答说："……这是我们的传统。"这就意味着"我们不曾违法"或"我们一贯守法"。传统是指一个社会的社会成员，特别是上位者内部约定俗成的法律。通常我倾向于将传统解释为社会中长期存在并不被质疑的习俗。简单来说，传统即不成文的法律，而它往往以习俗的形态体现出来。传统是"法"，习俗是"规"。如果规则大幅变化，那么法律本身也会随之改变或废除。我的意思是如果习俗随着社会中不断涌现的新习惯而大幅改变，与之相关的传统也将逐渐衰落乃至消亡。这些衰落的传统留下的位置将由不断发展并巩固的新习俗取代。

◉ 习俗

习俗是进行社会活动的常态。它是社会成员主动或被动进行社会活动的方式。习俗正如不成文的规则，但是这种规则常着眼于社会事务。

在社群中,习俗的发端往往表现为人的习惯。某一习惯如果吸引到足够多的社会成员并被他们接纳,就很有可能被固化为一种习俗。不被接纳的习惯则被称为恶习并被社会反对,直至消灭。在学校里吸食大麻与其他成瘾类药物的孩子过去只是少数,尽管这种习惯被社会唾弃,但近来它依然逐渐在青少年群体中扩散开来。我们必须坚决地反对这种习惯,并在它发展为习俗前将其消灭。习俗对应的是多数人,而习惯对应的是个体或者少数人。如果你在人们进行日常活动的时候去问他们为什么要采取这种方式,你会得到如下回答:"……这是我们的习俗。"此时你应该意识到你是在向整个社会发问。在坦桑尼亚的许多社群中,妇女常将孩子背在背上。没人会对背孩子一事发问,因为它随处可见,并且没有损害社群利益,故而是一种良俗。

传统与习俗在社会中的意义如同法律与规则在政府管理中一样重大。很多时候大部分政府都无法将它定义的"落后"传统、习俗根除,因为政府没有意识到这些传统与习俗在相关社会的活力与自主性方面发挥的重要作用。对那些致力于让全体国民生活更美好的人来说,他们必须理解这些传统与习俗,从而灵活地利用它们服务社会。许多资源常用在与诸如女性割礼等被称为"落后传统习俗"的斗争中。合理地理解这些传统与习俗的基础与起源或许可以有效地帮助我们终止割礼,同时又不对其真正的社会意图产生影响。殖民政府斥巨资招募民俗研究专家研究原住民(被统治者)的传统与习俗并不是一件坏事,至少理解了这些传统习俗,能更有效地管理原住民。

英国政府在坦噶尼喀(今坦桑尼亚大陆)的各大区(现在称为省区)派驻了许多传统民俗研究人员。例如汉斯·库里(Hans Cory)曾在大湖区(今卡盖拉省[Kagera]、盖塔省[Geita]、姆万扎省[Mwanza]、辛延加省[Shinyanga]、西米尤省[Simiyu]与马拉省[Mara])进行调研,随后又在南部大区(今林迪省[Lindi]、姆特瓦拉省[Mtwara]与鲁伏马省[Ruvuma])开展工作；亨利·佛斯布鲁克（Henry Fosbrooke）、菲利普·古利弗（Philip Guliver）与威尔森博士（Dr. Wilson）主要关注北部大区（今阿鲁沙省〔Arusha〕、乞力马扎罗省〔Kilimanjaro〕与马尼亚拉省〔Manyara〕）；T. O. 贝德尔曼（T. O. Beidelman）主要对东部大区（今达累斯萨拉姆省〔Dar es Salaam〕、莫罗戈洛省〔Morogoro〕与滨海省〔Pwani〕）的族群进行研究，尤其是卡古鲁人（Wakaguru）与帕拉库尤人（Waparakuyo）族群。他们的研究帮助殖民政府成功实现了施政目标。这些研究人员中的大部分人在坦噶尼喀取得独立后就回英国在大学中任教了。

◉ **语言**

　　语言无论在哪个社群中都是实现交流功能的主要工具。语言常将使用者聚合在一起，并且在很大程度上是相关社群的外在表征之一。听不懂当下正在被使用的语言的人无法融入我们现在的对话中。因此，语言对人既有连接作用也有分化作用。

　　语言是一种重要的工具，因为许多事情只有通过对话达成共识后才能付诸行动。若要使话语得当，则必须将其以可被所有参与者都能理解的语言呈现出来。每一个民族都有自己的语言，过去每个民族中的每个人都要理解并使用它。[①] 坦桑尼亚境内有超过 120 个民族，尽管某些语言很相近，但每一个民族都有自己的语言。在坦桑尼亚境内使用的语言可被分为三类：原始语言或民族语言、外国语，以及作为国语使用的斯瓦希里语。部分坦桑尼亚人不会说民族语言，而是说国语斯瓦希里语，或者说英语、法语等外国语言。

---

　　① 过去每个民族都有他们的活动领地，人们声称这片土地归其所有并且在上面生活。在这种情况下，不了解当地语言的人就是异族或者"外来者"。在各民族间交往以及殖民主义被扫除后建设、强化国家性的过程中，曾出现社群成员不了解该社群母语的现象。由生活在各民族混居的大城市中的父母养育的儿童也有可能不了解其本民族的语言（本民族习俗亦然）。

  语言作为文化的一部分,在发展文化、凝聚社会成员方面作用巨大。语言常常为社会中的许多有价值的事物起到保护作用,例如人名、地名的含义,农作物与原始动物种类,地区历史与传统技艺。每一种语言都有无法被直接转译为另一种语言的部分。这是由部分领域或事件仅存在于该社会中这一事实决定的。因此,这种语言一旦消失,蕴含在其中的宝物也将随之消失。出生于 1899 年的意大利西西里诗人伊尼纳齐奥·布蒂塔(Ignazio Buttitta)曾将语言的重要性以下列诗句进行阐释:

> 监狱里的人们,
>
> 脱去衣裳,
>
> 紧闭着双唇,
>
> 依然是自由的。
>
>
> 被剥夺工作的人,
>
> 被收走护照的人,
>
> 被抢走餐桌的人,
>
> 被侵占床铺的人,
>
> 依然是富有的。
>
>
> 人们之所以沦为乞丐和奴隶,
>
> 只有在他们被剥夺了自己的语言的时候,
>
> 他们父辈留下的,
>
> 已经永远消逝不见。①

———————

① 译者注:此处原文为作者本人以斯瓦希里语转译,原文引自联合国文化发展委员会于 1995 年出版的通讯《我们具有创造力的多样性》(*Our Creative Diversity*),第 51 页。

我们必须保护所有语言，因为抛开语言为文化继承起到的作用不谈，每一种语言都满载相关社会中的各种知识与实践。这意味着就算是使用者寥寥无几的非通用语言，也是国家遗产的一部分，是世界文化财富的一部分。因此坦桑尼亚人努力发展斯瓦希里语，学习其他国家的语言实际上会对本国各民族语言的繁荣发展造成正面影响，而那些使用本民族语言的人则必须学习通用语言，以便他们可以从中汲取知识，并在当下和未来，为了他们自身与下一代，为了国家的利益去使用这些知识。我们当然可以做拥护自身较小族群的人，但是如果我们认识到稳定的国家是指各民族友爱团结，超越单一民族局限以实现更远大的目标的话，我们才称得上是一个真正的爱国者。地球属于全人类，每一个正在呼吸的人都是这颗星球的居民。然而如果我们不能相互交流，就无法相互理解并统一目标。语言是适合使用者交流的元素。无论在何处，如果你希望深入当地社会的话，就使用该社会中大多数人都听得懂的语言吧。

◉ 信仰

信仰是文化的另一重要组成部分。信仰通过定义可以做什么与不可以做什么来为民众树立边界。这种边界可以解释为食物的种类、衣着服饰、发型等等。这些东西使信徒趋同或与非信徒区分开。

在宗教信仰方面，关于祈祷有许多门类，例如诵经、礼拜时间、提供祭品与供品等等。信仰往往能够消除或增加疑虑、希望，有时会使社会成员以一种常人无法理解的方式行动。有许多事完全是基于社会成员的信仰而展开。例如"有红眼睛的老妇人是巫婆"的信仰造成了大湖地区省份许多无辜老人被杀害。另外，白化病病人的关节能保证采矿顺利或者对生意有帮助的信仰造成了许多病人惨死。

当然，也存在推动社会进一步发展与稳固的积极信仰。例如部分社会中存在的教育是发展的重要元素这一信仰使许多儿童得以去学校接受教育,最终取得了社会经济的巨大成就。现代信仰与宗教信仰都能使人的行事方式发生改变。有许多例子表明坦桑尼亚社会中的部分传统与习俗在过去是如何随着外国宗教的到来而改变与消亡的。作为文化的一部分,信仰是指凝聚起整个社会的共同信仰,而非单一社会成员的信仰。个体可以相信某事以这样或那样的方式存在,这只是他个人的信仰,但是如果他的这种信仰传播出去,许多人可能会受其影响,或者它将影响社会中的各种事务。这种传播常使信仰转变为当地居民文化的一部分。

◉ 娱乐

娱乐是社会个体或群体在工作后为了放松身心或者恢复精力而自发进行的活动,是人为了享乐而进行的活动。这些活动包括闲聊、乘凉、阅读书报杂志、参与体育运动、唱歌、跳舞、旅游、收听广播和看电影等等。以上提到的都是人在日常工作后自发进行的娱乐。每个社会都有属于它自己的娱乐方式,其中包括传统娱乐与来自其他社会的娱乐,以上娱乐往往由其栖身的社会所具有的环境而决定。很多运动、游戏都是娱乐的主要组成部分。自古以来,每个社会都有起到自我娱乐与自我竞技作用的传统运动与游戏。娱乐是工作平稳进行的重要支柱。社会成员有时间参与娱乐活动十分重要,这样他们才能放松身心。

娱乐可以被分为两个大的门类。第一类是自我型娱乐,如人可以通过在屋内或空旷的场所跑步自我娱乐,这样做并不需要其他特殊的设施。第二类是设备型娱乐,例如借助运动场或者体育馆。足球运动就是一种设备型娱乐。娱乐议题在街区与乡镇地区规划中并没有引起重视,第二类娱乐往往在没有满足使用者需求的前提下很难实现。这是因为当地并未规划建设娱乐场所和娱乐设施。

⊙ 艺术

艺术是由诸如符号、声音、外形、表演或书写所呈现出来的虚构事物。这种事物可以是某种工具(例如篮子或席子)、歌曲、诗歌、小说、图画、雕塑或器乐。这些东西的创作者或表演者被称为艺术家。《坦桑尼亚文化政策》清晰地解释了艺术的概念,我将其引用如下:

> 艺术可以是人类出于传递信息和满足某种需求的物品、遵循某种特定范式的肢体活动、行走、发声、交谈或书写。艺术被归纳为戏剧、音乐、仪式、舞蹈、马戏,以及诸如绘画、雕塑、金属工艺、排列、编织、缝纫等方式创作的手工艺品。……自远古时期起艺术常与技术、教育相伴,并且具有特定的满足社会需求之目标。[1]

艺术可被分为两类:视觉艺术与手工艺术。视觉艺术是个体或群体艺术家出于娱乐、教育或谏言的目的,通过歌唱、口述、舞蹈等方式向受众(听众或观众)表达他们的讯息或创作的艺术。戏剧、电影、唱诗、跳舞等等都是视觉艺术。手工艺术(有时常被称为工艺)是指那些由艺术家本人为了诸如背东西(篮筐)、坐下来(席子、小凳子)、化妆(发型、服饰)、装饰(图画)和教育(雕塑)等与社会成员的日常生活相关的内容而亲手创造的东西。艺术是社会文化中的重要组成部分,它是社会日常生活中所使用的器物的源头。

艺术不仅仅与传统事物有关,还是一种在任何社会、任何时间段内的生活中动态发展的范式。例如打造椅子、柜子、床铺等大型家具的匠人们常互相比赛其产品质量,特别是这些家具的打造与装饰方法。汽车制造

---

[1] Wizara ya Elimu na Utamaduni, Sera ya Utamaduni, 1997, p. 2.

厂同样有负责设计汽车外观的艺术家,这些艺术家们常花时间构思新车的外观与颜色以便吸引更多的买家与观众。家具艺术家们在开始打造前常会向自己发问:一把新椅子应该有几条腿?是什么颜色?什么大小?当一个艺术家构思他将如何打扮新娘的时候,另一个艺术家则在构思新大楼或新车的外观。

同样,艺术往往具有娱乐性和教育性,是一种消除社会矛盾的良好手段。真正的艺术作品(原创作品)往往可以传递或者解释社会中存在的美好、丑恶、愿望与成就。艺术就是社会的镜子。

◉ 抚养

抚养常被归纳为对社会新成员——儿童的教育与规训。儿童是社会未来发展的主力,他们必须掌握所处社会的各类事务。我将详细介绍这一部分,因为它对文化的发展十分重要。《坦桑尼亚文化政策》对抚养进行了如下解释:

> 自远古时期起,抚养就专注于道德、禁忌、尊重、传统、习俗以及信念,以此联结、发展并且赋予儿童、青少年、成人与老人在发展社会的过程中履行他们的义务。抚养孩子的主要目标是将所有这些东西传承给后代。[1]

家庭教育在抚养中具备非常关键的作用。通常来说,孩子们在家庭中享有获得食物、衣物、居所和爱护等基本权利,并被教导担负起对于家庭和社会的责任。家庭正是教育儿童有关家族、社会、国家历史等常识的场所。总体来说,儿童往往在家里被教导应该或不应该做什么。家庭是

---

[1] Wizara ya Elimu na Utamaduni, Sera ya Utamaduni, 1997, p. 2.

新生社会成员继承社会文化的起点。过去家庭可以通过民俗故事、民间习语、谚语和谜语①来给儿童启蒙。家庭中的长者，特别是爷爷奶奶、外公外婆常在准备晚饭的时候为他们的孙辈讲故事来逗他们开心，顺便看护他们。这种故事会就好比给孙辈读一本永不止尽的好书。通过"阅读"这本满载数个世纪的经验与智慧的"书"，儿童可以学到与他们的家庭、社会环境相关的重要内容。对长辈而言，他们使孙辈继承了自己的知识从而使其存续，并避免未来社会迷失方向。

自古以来儿童就从他们的父母和其他家庭成员身上耳濡目染，尝试做他们所见到的事务。尽管儿童在做他们力所不及的事情时常被呵斥甚至惩罚，但当他们在做力所能及的事情时又常被鼓励并获得更详细的指引。儿童从他们的父母身上学会做各种与其年龄相符的家务与农活。每一个家长都希望他的孩子成才，而不是给家族丢脸。与同伴相互合作、有教养、聪明、尊老爱幼的孩子不仅为其家人所喜，同样也会被全社会喜爱。行为习惯差的孩子则使家庭蒙羞。儿童属于全体社会成员，因此家庭要与其他社会成员合作，确保儿童重视道德。

因为儿童是"新生社会成员"，社会本身也必须参与到儿童抚养中来。对传统与习俗的研究表明这是一种已有的惯例，并且常会延伸到其他领域。笔者在坦桑尼亚大陆地区 57 个县中的 60 个社群内所做的研究揭示了所有社群都有自女性受孕起便开始履行抚养职责的流程。孕妇必须重视许多与食物和其他东西相关的禁忌。尽管这些禁忌被一些人权活动家和自称性别平权活动家的人称为压迫或"男权模式"，在我的研究中则明确了这些禁忌旨在保护母亲与儿童。我将在下文中举例说明。

以下是受访部族中出现的部分旨在保护孕妇（母亲与尚未出生的婴儿）的禁忌：

---

① 译者注：这些都是包括斯瓦希里文化在内的非洲传统语言文化元素。

- 孕妇不能坐在房子的门槛上——避免孕妇被进出房屋的人撞到。

- 孕妇不能吃自死动物的肉——保护孕妇不被病毒感染。

- 孕妇不能吃过肥的肉——这种禁忌在游牧族群特别是马赛人（Wamasaai）中备受重视，他们认为孕妇本人或胎儿过胖的话会在生产时丧命，因为过去没有剖腹产手术。

- 孕妇的丈夫不能参加战斗——他不能在战斗中丧生，否则遗孀与遗腹子无法得到保护。

- 孕妇的丈夫不能参与掘墓——避免受伤，同时也因为他不能将生与死的事务混杂在一起（怀孕代表即将到来的"生"，而下葬则与"死"相关，代表失去生机）。

关于抚养尚未出生的儿童的议题尚有诸多禁忌，这些禁忌的目的在于促进社会繁荣。近来许多禁忌被看作毫无意义或者已经过时。我的看法是，在我们尚未开始反对和废除这些禁忌之前，应当先审视其起源或逻辑，辨明是否存在更好的替代方式填补因废除相关禁忌而造成的缺口。除此以外，禁忌也会随着社会环境中教育、经济和信仰的改变而改变。

抚养持续到儿童进入成年时期。每一个社会都有自己的一套需要被遵守的体系，确保儿童已经掌握基础社会事务并可以自立，最终组建他们自己的新家庭。在哈亚人（Wahaya）的社会中，青少年被送往"奥穆特克"（Omuteeko）①，同龄的青少年们，特别是男孩，会聚集在一起，由专门的长者教授包括纪律、勇敢、责任等各种社会事务相关的知识。同期或进入同

---

① 译者注：在哈亚人的教育体系中，不同性别的儿童受到的教育并不一样，男女之间有明确的区别。10 至 12 岁的男孩通常在哈亚王宫接受为期两个月的强化训练，这种训练被称为"奥穆特克"课程，它涵盖军事战争和战术、社会道德规训、自律和自我控制、农业和畜牧业、法律事务以及包括摔跤和跨栏等综合运动在内的实践训练。在这种训练中表现优秀的男孩将被留在哈亚王室中接受高级培训，并在将来被任命为各个酋长国的高级行政官员。从"奥穆特克"脱颖而出的人在哈亚社会中很受尊重。

一个"奥穆特克"的全体青少年相互尊重并且亲如兄弟。坦桑尼亚的其他族群中也存在负责割礼仪式(jando)与成人礼仪式(unyago)的机构。男童们被聚集到远离村庄的森林或者草原上，学习并接受各种各样的知识与考验。他们学习的内容包括婚礼事宜、生育、建房方法以及如何保护族群。在青少年完成学习以后，监督这些教学过程的长老(常被称为 nyakanga、mhenga 或者 kungwi)会召唤割礼人(ngariba)来测试他们。在得到认可后，人们会为青少年举行毕业仪式然后欢送他们回家。除集体庆祝之外，从割礼仪式回家的青少年的家人们也会为他们专门举行庆祝仪式。

进入割礼仪式的女孩子会在那里接受来自成年妇女有关婚姻、生育、照顾丈夫和孩子的方式等等的教育。① 完成学习后她们会受到祝福并最终被人娶走成婚。接受割礼是少男少女们成人教育的最后一步。这些流程的核心就是全体参与者接受关于如何成为合格的社会成员的教育。国内的许多宣传都致力于消灭割礼，然而宣传者们或许忘了与这些行为相伴的教育究竟为何物，当然，这种传统教育或许可以被小学、中学中教授的更先进的现代教育取代，同时满足坦桑尼亚社会的种种目标与愿景。

虽然割礼仪式在我国部分地区例如林迪省与姆特瓦拉省仍受到重视，但其他地区的情况则不容乐观。传统的儿童成年教育机构已经因各种原因处于倒闭的边缘，然而尚无可靠的机构取代它们。儿童的成长与成年并没有做好与之相对应的准备。我们的许多文化都很重视年龄与社会活动的界限。儿童的事务与成年人的事务泾渭分明，俗话说：孩子跳舞，难以通宵。② 总有一些事情藏在隐秘之处，无法公之于众。因此男孩与女孩的成人礼被专有名词区分开来，并且只涉及与之相关

① 部分坦桑尼亚社群从古至今一直都存在女性割礼，另一些社群则通过不同的传统来昭显女孩子的社会成员身份。反对女性割礼的人面临的挑战是使前者接受后者那种并不会使社会蒙羞或伤害儿童身体的"使女孩进入社会"的范式。

② 出自斯瓦希里语谚语"Ngoma ya watoto haikeshi"，意为"无志事难成"。

的人。如今这些秘密已经公之于众,成年人的秘密已经被孩子们看在眼里。我们如果不去谴责那些逾越基本道德底线的行为,我们就无法守护这些道德准则。

◉ 遗产

文化可以由一代人继承并且传承给下一代人。社会常发生变化,但是这种变化常与过去与当下存在的事物有关。文化遗产可以被分为以下两类:物质遗产与非物质遗产。物质遗产,或称可见遗产,是指:例如房屋;各类农业、渔业、工业、畜牧业、教育业、广播业等行业所使用的工具;室内器具,如锅、碗、床;有形记录,如图像和各类文件;社会所处的自然环境,如土地、河流、森林、山岭。非物质遗产是指:例如历史和口述故事、谜语、俗语、传统与习俗、语言、铁艺、陶艺、草药等传统知识。这两类遗产常同时并存,赋予社会标识与在地合法性。例如,如果有人要对哈亚人社会展开介绍,他可以这么说:"哈亚人多生活在坦桑尼亚西北部维多利亚湖地区(哈亚语中称该湖为 Lweru)的布科巴县区(Bukoba)、卡拉圭县区(Karagwe)、密瑟涅县区(Missenye)和姆勒巴县区(Muleba)。他们的语言是哈亚语,主食是香蕉,当地多雨,他们种植了大片香蕉林。"哈亚人的这种标识来源于他们居住的地方多雨。当地丰沛的雨水使他们能够种植香蕉作为主食。领地和雨水是物质遗产,哈亚人继承了它们以后得以栽种香蕉。语言与栽种香蕉的知识是非物质遗产,它们由前人代代相传。非物质遗产与物质遗产共同巩固了个体或群体。社会的遗产是这个社会文化当中的重要部分。

文化的客体

文化的两个主要客体分别是:人类与土地。坦桑尼亚首任总统朱利叶斯·尼雷尔在他关于国家发展的著名讲话中曾强调国家发展需要四个元素，分别是人、土地、政治清明与良序善治。在讨论文化的客体时，我将政治清明与良序善治并入人的元素，因为这两项元素都来源于人。我将尽量简单地解释这些客体。

⊙ 人类

人类常思考，然后计划某事并付诸实践。农田、建筑、工厂以及所有使生活更加便捷的工具都是人类过往努力和经验的成果。世上有黑人和白人、高个子和矮个子、肥胖的人与消瘦的人，但是这些不同仅仅代表多元的人类相貌，是大家相互协同合作的良好基础。每个人都有能力基于他所处的原生环境创造各类物品。自古以来人类都是周遭所有资源的继承者，并且常利用它们满足自身生活需求。人类常统合在一起形成社会继而创立指导其生活的种种流程与范式。所有我们称之为文化的事物，例如语言、艺术、信仰、传统与习俗，常由人类为了群体繁荣而创造出来。在现代它们有了新的含义——人力资源，管理学研究把人类看作与生产资料或其他生产工具相同的元素。也许是出于故意或是单纯不谨慎，将人类看作另一种"客体能够使用它来创造需求的资源"都是一种矮化。在奴隶制社会中，奴隶并不被看作与自由民拥有同等地位。奴隶的生活、拥有的创造与自决的人格是其主人所继承的财富。奴隶是人的资产——是一种资源。资源不能够决定其自身的命运。坦桑尼亚人不是其他某个人或某群人的资源，而是他们国家领土里所有资源的继承者与捍卫者。男性、女性、儿童、老人，科学家、艺术家、政治家、部族领袖，牧民、渔民、猎人、农民、工人，所有这些人都是人类，都必须勠力同心共谋发展。与将人当作资源不同，坦桑尼亚人有责任为了所有人的福祉而合理使用上天赐予的各种资源。

良序社会是指该社会中各社会成员互相珍视，人们自信能够以自己的力量发展社会但同时又具有从其他社会学习的包容心态。同时需要记住，任何一个国家或民族社会的大小都由社会成员的数量决定。此外，社会成员失序的社会将无法有序生成文化。基本上，所有被称作文化或者具有文化属性的东西都在人类活动的过程中得到诠释。没有人类就没有社会，没有社会就没有文化。文化的发展即为人类的发展。

让我就良序善治的问题简单展开以结束关于文化客体的讨论。良序善治是使每个人不偏不倚地为整个社会的利益履行其义务并且获得其权利的情况。良序善治可以由那些被全体社会成员按照传统、习俗、道德与信仰的标准共同认可的流程提名或选举出的人实践。良序善治所在之处，人们不会为了满足自己或他人的私欲而行动，而是为了他们的社会决定进行必要之事。社会成员往往由自我意志而不是领导者施加的压力驱动。我最好开诚布公地说，不同社会间良序善治的水平并不一致，然而良序善治对延续和发展文化意义重大。稳定、可持续的文化是那些社会成员可以从中得到满足的文化——他们自我认同为这些文化的一部分。

许多民族都具有驱逐那些逾越良序善治习俗的领导人的规则。然而部分文化建立在与民主标准相悖的基础即独裁之上。生活在这种社会当中的人或因恐惧，或因相信君权神授而顺从于"掌权者"。在这种社会里信仰是统治社会活动的驱动力。我将在之后的章节中重新回顾这部分内容。

良序善治是尊重社会成员并且被社会成员公认对其统治方式感到满意的模式，让人们知道如何能过上好日子，促进社会繁荣。良序善治往往着眼于满足全社会的利益。我想进一步区分"良序善治"与"良序统治"。民主主义在"良序统治"中意味着少部分统治者和被统治者。令人遗憾的是民主与那种被称为"良序统治"的东西就好像一件适合每个人穿的衣服一样。良序统治专注于既有的法律与规则以保持稳定。例如统治者如果掌管某地，他们会制定法律（如果此时还没有成文法）为其赋权。法律一旦通过，统治者将确保每个违法者都受到"法律"制裁，这种模式被称为良序统治，因为它看重法治。然而这取决于法律究竟从谁的利益出发，例如殖民时期许多成文的法律都有利于统治者压迫当地人或原住民。

我们曾经从殖民者手中争取独立以求自治，在实现自治后我们不再需要统治者，我们需要的是优秀的领导者。优秀领导者来源于社会，他们所处的环境和其他社会成员相同，只是他们被推到前方引路。领导人如果背离初衷，就会被赶下台。在传统规则中有许多地方都规定领导人如果经常犯错就会被罢免。这种规则或许可以在现代规则下被总结为"民主政治"，这样一来这种观念将在社会中扎根，打下良序善治的基础。

◎ 土地

土地对每个社会来说都是主要资源。土地包括：在其上生长的植物，如草、灌木、树林与森林；在其上活动的生物，如动物、昆虫、鸟类与鱼类。每个人都需要有空间或土地来建造居所以满足其生活与发展的需要。农民社会需要土地来修建房屋、耕种农田，以及进行其他诸如礼拜、宣讲、运动、娱乐等活动。与此同时，牧民社会需要土地建造房屋、为牲畜提供草料。土地的大小与质量对社会文化的繁荣至关重要。土地的种类与它所提供的环境，例如气候条件、水源是否充沛，常在很大程度上决定了该社会中人们从事的工种。渔民不可能生活在没有河流、湖泊、海洋等水域的地方。很明显渔民倾向于生活在水边，而生活在水边的人则会学习捕鱼。然而社会成员们所需要的土地或生活用地将变得紧缺，社会成员必须往外分流，社会也会随之分散。这将导致这个社会的文化不复存在。

流动迁徙的社群，尤其是像马赛人与哈德扎人（Wahadzabe）这样的牧民和猎人社群，在很多地方常因为其土地边界与农民社群、政府机构的划分不一致而很难享受到相应的权利。这是因为这种生产模式并不会在土地上留下连续的标记。这种迁徙社群的土地权利不被承认的困境不光在坦桑尼亚存在。例如罗姆人(不是罗马人)生活在部分欧洲国家,有时候我们也称他们为吉普赛人,他们常因为没有自己的合法领地而被其他社群欺负、压迫。

享有土地所有权或被公认为某片土地的所有者常使相关社会群体更加自信,并且推动其自身发展。在很多地方的惯例中,当地人拥有基本的继承和使用土地以及各类资源的权利。外来者常在当地人的许可下使用土地。许多土地纠纷来源于因土地归属而引发的矛盾。土地该属于当地人还是第一个到访该地的人?或是生活在该地时间最长的人?这种地权归属法则并没有写在文件里,而是存在于人们的感情与经验里——存在于他们的文化里。过去许多地方,特别是农民社会的传统与习俗中,土地的继承由该地的传统领袖进行监管。那些领袖的名称各不相同,当出现矛盾时,他们就和各家族当家以及长老会进行磋商。领袖们的权力也是相关社会文化当中的一部分,在坦桑尼亚取得独立后的几年内倒也逐渐被抹除了。相互交错的土地用途不一致的话,常造成社会内部以及不同社会之间的矛盾。这正是我们目睹的在多地发生的牧民社会和农民社会之间发生矛盾的原因。时至今日,由传统领袖留下的关于土地问题的权力真空依然未能得到解决。

某一社会中人们所使用的土地就好比是这个社会的长篇口述史回顾。山丘、盆地、溪流与河流、湖泊、森林和草原,所有这些地方都因其中发生的社会活动而广为人知。这里有农场、牧场、林场、药材种植场、避难所等等。社会成员往往从记事起,从日常生活中学习这些知识。除此以外,社会的历史和叙述在没有谈及这个社会中各重大事件发生的地点之前是不完整的。因此,将土地与人分离就是将承载着他们历史、身份、生活方式的书本撕碎。被夺去传统家园的人们即便得到了另一片替代的土地,依然是脆弱的,因为他们被塞给了一本空白的笔记本,失去了一代又一代人书写的历史。土地是人类建立、发展社会和文化的过程中最主要

的资源,土地继承问题必须参考宪法,从保障全体国民土地权利的法律之
角度出发来看待。

结　语

　　我已经尽力解释了文化的含义,以便将一些与文化相关的先入为主
的成见剔除出去。在一定程度上许多事物都与文化有关,你很难说出一
个与文化无关的领域。因为文化总结了社会生活发展中的各项重要事
物,为了建立稳固、可持续的国家文化,对文化进行更深入细致的讨论将
是一件幸事。从权利的角度来说,文化不分大小。例如不超过 2000 人的
哈德扎人这样从人数上看较小的族群,他们的文化也应该被赋予和大型
社会文化相同的地位。文化间的包容与互通往往使文化的多元性得到发
展,为全体国民提供建设国家的空间与契机。

参 考 文 献

DANIDA,2000,*The Power of Culture*.

Geertz,C.,1973,*The Interpretation of Cultures*:*Selected Essays*,New York:
Basic Books.

Huntington,Samwel P. and Lawrence E. Harrison eds.,2000,"Cultures
Count",preface of *Culture Matters*:*How Values Shape Human Progress*,New
York:Basic Books.

Jamhuri ya Muungano wa Tanzania,1997,Sera ya Utamaduni,Wizara ya Elimu
na Utamaduni.

Nyerere,J. K.,1962,*Uhuru na Umoja*(*Freedom and Unity*),Dar es Salaam:
Oxford University Press,"President's Inaugural Address",pp. 176 - 187.

UNESCO,1995,*Our Creative Diversity*,Paris.

第二章　政府的文化职能

引　言

如前所述,文化的广度涉及发展中的每个领域和个体。文化相关事务由各种各样的机构和群体运作并管理。坦桑尼亚的政府机构中有专门负责文化监管的部门。本章旨在讲解政府体制承担的文化职能以及该体制下开展各类文化活动所面临的挑战。

政府监管文化活动初期

坦桑尼亚政府对文化事务的监管始于 1962 年首次成立的坦桑尼亚国家文化与青年发展部(Wizara ya Utamaduni wa Taifa na Vijana)。该部门的成立得益于时任总统的朱利叶斯·坎巴拉吉·尼雷尔对于文化的认知:

　　……这是任何一个国家的精神内核。没有自身文化的国家如同将一群没有灵魂的行尸走肉汇聚在一起。①

---

① Nyerere, J. K., 1966, p.186.

这段话摘自 1962 年 12 月 10 日尼雷尔在国会发表的演讲,在大会上他宣布了新部门的成立及其职能:

因此我成立了这个可以帮助我们重新审视我们光辉文化的部门。希望它可以帮助我们寻找各个民族的优良传统习俗,使之成为我们国家文化中的一部分。我希望每个人都可以竭尽所能地帮助我们的新部门履行它的职能。[①]

事实上,国父当时的这番言论如同还未发酵的玉米粉,尚不能制成乌咖喱(Ugali)。[②] 新部门的成立在其他部委领导及主管看来无异于一个笑话,并未产生实际的推动力。幸运的是,尼雷尔及时意识到了这一问题,并在 1964 年撤销了国家文化与青年发展部,更名为总统办公室(Ofisi ya Rais)名下的文化署(Sekta ya Utamaduni)。该举措的实施有效地推动了文化领域的发展。这一时期我国颁布了多项落实及监管文化议题的法案,法案名称及其出台年份如下:《古文物法》(Sheria ya Mambo ya Kale,1964)、《版权法》(Sheria ya Hakimiliki,1966)、《国家体育委员会法》(Sheria ya Baraza la Michezo ya Taifa,1967),以及《斯瓦希里语委员会法》(Sheria ya Baraza la Kiswahili,1968)。这些法案得以实现的原因在于国家领导人清楚地认识到文化的内涵并对其进行了监管。随后颁布的涉及文化议题的法案包括《音乐委员会法》(Sheria ya Baraza la Muziki,1974)、《电影和话剧法》(Sheria ya Filamu na Michezo ya Kuigiza,1976),以及《艺术委员会法》(Sheria ya Baraza la Sanaa,1984)。

尽管这一时期《坦桑尼亚文化政策》尚未颁布,由于相关政策条例已

---

① Nyerere, J. K., 1966, p. 186.

② 译者注:乌咖喱(Ugali)是用水煮熟的玉米面团,是东部非洲和南部非洲最常见的淀粉类主食。

在法条中有所涉及,上述法案的制定有效地促进了文化相关机构的成立和发展。即使仍有一些政府部门忽视文化的重要性,上述举措依然有效地推进了人们在政治上、经济上和社会上对于文化的理解和运用。这一时期社会上不乏对文化影响的解读与阐释,但是并未得到决策专家的认同与采纳。文化无法在决策中发挥其作用,反被弃之如敝屣。

所幸尼雷尔总统深知文化对于改革发展的积极影响,也明白坦桑尼亚的乌贾马(Ujamaa)社会主义建设亦是新的国家文化建设。同时,他深知青年群体在国家建设中的重要性,尤其是他们善于接受新鲜事物。他希望青年人可以成为国家文化建设的中坚力量,这也是他在任职初期成立国家文化与青年发展部的原因。尼雷尔总统希望借助民族文化构建新的国家文化,并在新的国家文化的基础上构建全新的社会主义国家。

尼雷尔总统带领的首届政府领导班子于 1967 年发布了《阿鲁沙宣言》和经济产业国有化的改革计划,这一计划遵循时为执政党的坦噶尼喀非洲民族联盟(Tanganyika African National Union,TANU,简称坦盟)推崇的乌贾马社会主义和独立自主(Kujitegemea)政策。该政策的宗旨是建设一个共同劳动、同工同酬的社会,避免出现贫富不均、两极分化的现象。总统还确保艺术家们充分理解这一政策,运用他们的聪明才智进行政策宣传。乌贾马社会主义和独立自主政策包括但不限于以下内容:

- 缩减收入差距,协助大部分民众实现自给自足。
- 改革试点村作为乡镇级地方政府的基础,集中提供社会服务及机构治理。
- 巩固坦桑尼亚民众的互敬互爱及凝聚力。
- 使用斯瓦希里语发布并解读乌贾马社会主义和独立自主政策,巩固斯瓦希里语作为坦桑尼亚国语的重要地位。
- 尽管尚未得到政府官员的充分认可,仍需大力推进艺术、运动等各项文体活动。

　　然而,彼时与文化相关的思想觉醒更多体现在政治领域。1970 年召开的第十五届坦噶尼喀民族联盟大会提出:"文化是国家生命力及意志力的重要体现。"这一说法是对国父尼雷尔 1962 年讲话的回应。1974 年尼雷尔总统重组国家文化与青年发展部,各项事务随之展开,其中包括对于传统习俗的调研工作。此外,传统手工艺也受到了更多的认可及支持,传统巫医与现代医生被召集在一起,探讨如何减少矛盾与争端,共同为国民提供更好的医疗服务。此外,体育事业也取得了显著的进步。运动员们焕发出新的活力,为祖国带来巨大荣誉。正是在这一时期,菲尔伯特·巴伊(Filbert Bayi)打破了英联邦 1,500 米长跑纪录(1974 年)。另一值得被铭记的重大事件是 1974 年至 1979 年间,坦桑尼亚文化机构相关法案有了许多重大更新,也正是这一时期,文化署的核心地位得到正式确立,不再是其他部委旗下的附庸。

　　自 1974 年成立至今,文化署下辖五司、四委员会和一博物馆,详列如下:

五司

　　研究规划司(Idara ya Utafiti na Mipango)

　　艺术语言司(Idara ya Sanaa na Lugha)

　　古代文物司(Idara ya Mambo ya Kale)

　　国家档案司(Idara ya Nyaraka za Taifa)

　　体育运动司(Idara ya Michezo)

四委员会、一博物馆

　　国家音乐委员会①(Baraza la Muziki la Taifa)

---

　　①　1984 年,音乐委员会的部分职能归并至艺术委员会,随后重新成立了国家艺术委员会(Baraza la Sanaa la Taifa)。

国家艺术委员会(Baraza la Sanaa la Taifa)

国家斯瓦希里语委员会(Baraza la Kiswahili la Taifa)

国家体育委员会(Baraza la Michezo la Taifa)

国家博物馆(Shirika la Makumbusho ya Taifa)

在开展工作的过程中,"重生"的国家文化与青年发展部意识到,为了充分体现文化在发展中的重要性,需要加强各相关领域内的文化概念阐释和解读。因此,1979年国家文化与青年发展部出版了《文化乃发展之利器》(*Utamaduni Chombo cha Maendeleo*)一书,全书共包含以下6个章节:

- 劳动是文化的核心与根基
- 发展中的艺术
- 斯瓦希里语之于国家文化的传承与发展
- 抚养与社会发展
- 发展中的文化遗产保护
- 文化发展规划

该书所述内容与联合国教科文组织随后启动的"全球文化发展十年规划(1988—1998)"中的众多议题相吻合。在之后的十年里,国际社会所强调的内容正是先前坦桑尼亚政府在该书中详细阐明的内容。

部门更迭带来的挑战

尽管文化署长期存在于坦桑尼亚政府机构中,但大多数时候却"不受待见"。历史上文化署曾被频繁地整合到其他政府部门,在不同时期的归属如下所述:

1962　国家文化与青年发展部

1964　总统办公室

1967　地方政府及乡村发展部

1968　国家教育部

1974　国家文化与青年发展部

1980　信息文化部

1985　社会青年文体发展部

1988　就业文化社会繁荣部

1990　教育文化部

2005　信息文化体育部

2010　青年发展及信息文化体育部

有批评人士认为，文化发展无法推进的重要原因是行政机关缺乏稳定性，政府也证实了部门更迭带来的巨大影响。更迭过程中存续时间最久的当属 1990 年至 2005 年期间文化署与教育署合并后成立的教育文化部（Wizara ya Elimu na Utamaduni），但即使是在这一时期，事态也并没有趋于稳定，文化署仍旧是新设部门中不受欢迎的分支，部门中的一些人们乐于看到它从本部门迁出。

2005 年末，文化署从教育文化部中被拆分出去，与此前不同，这次文化署并没有完全脱离教育文化部，仅其中的部分与艺术和语言相关的机构被归并至信息文化和体育部（Wizara ya Habari, Utamaduni na Michezo），并成立了新的机构，即文化发展司（Idara ya Maendeleo ya Utamaduni）。早先，艺术及语言相关事务均由文化部下辖的艺术语言科负责，后来一些所谓的"机构改革专家"决定重新调整组织架构，并于 2002 年将文化领域的相关事务拆分归并至下述不同部门：

- 古代文物司——隶属于旅游资源部
- 国家档案司——隶属于总统办公室，公民服务管理科
- 国家纪念品集团——隶属于旅游资源部
- 体育司——隶属于文体就业及青年发展部

　　文化署被拆分后，剩余的业务部门则被重新整合成名为文化发展司的全新科室，隶属于教育文化部。这一科室的工作职能不再覆盖广义的文化范畴，仅负责艺术与语言的相关事务。

　　将文化领域的相关事务拆分重组实则从建制规模上限制了文化署，它的起因是机构改革专家们狭隘地认为"文化仅包含艺术和语言"。事实上，从1962年起政府为了巩固文化发展而作出的努力即可发现这一举措并不可靠。文化领域的相关事务前后涉及四个不同的部门，如果仅由一个部门负责，相关政策的实施和推进就会变得容易很多。

　　人们必须认识到，机构改革专家并不是文化管理专家。政府内部应当厘清文化的定义及职能，以便机构改革专家们加深对文化事务的理解。2005年文化发展司脱离了教育部（Wizara ya Elimu），成为文体信息及青年发展部（Wizara ya Habari，Vijana，Utamaduni na Michezo）的下属机关。如上文所述，目前文化发展司仅管理艺术及语言相关事务。

　　文化署相关部门的行政人员和有关人士所面临的巨大挑战是如何加强自我认知并提升办事效率，在现有的政府体制内履行文化职能。

《坦桑尼亚文化政策》的出台

　　尽管建国初期领导人对文化价值和文化职能的理解处于时代前列，但该领域的发展因为缺少相应的文化政策而受到了极大的影响。政策的缺失剥夺了其他想要投身于文化建设的人充分了解文化发展路径的机

会。1997 年政府颁布的《坦桑尼亚文化政策》填补了这一空白。这一政策建立在充分了解广义文化概念的基础之上,也符合尼雷尔总统在 1962年的高瞻远瞩。

该政策旨在消除关于文化的误解,使行政人员和相关人士在谈及文化事宜时具备相同的理念。此后政府多次召开会议探讨如何切实有效地落实《坦桑尼亚文化政策》,避免纸上空谈。1997 年坦桑尼亚总理在议会上当众宣布新政策时曾说:

　　……理解《坦桑尼亚文化政策》的第一步是建立对于文化概念的理解。文化这一概念在新政策中有十分详细的解读,这一解读也有助于我们去除对于文化的误解。对于文化的误解不光是在我们这里,在许多其他国家也是十分常见的。……

尽管文化的概念在《坦桑尼亚文化政策》中有十分详细的解读,也曾在许多会议上被多次提及,但文化仍旧会被部分人,尤其是非文化机构的行政人员误解,而这也是文化机构的行政人员必须不遗余力积极应对的一大挑战。还有一些内容在政策出台初期重要性尚不明显,然而随着时代的变迁也应逐步被纳入文化方面的政策中。因此,《坦桑尼亚文化政策》还须接受经常性的评估和调整。

坦桑尼亚文化基金

通过明确指出哪些领域需要着重发展,《坦桑尼亚文化政策》为政府开展文化建设指引了方向,为文化发展提供了强有力的支持。《坦桑尼亚文化政策》的出台带来了许多积极影响,其中之一便是建立了坦桑尼亚文化基金(Tanzania Culture Trust Fund)。《坦桑尼亚文化政策》中指出,资金不足是文化发展面临的一大阻碍，建议成立基金应对这一困难。坦桑尼亚和瑞典两国政府签署合作备忘录，于 1998 年 11 月 6 日成立了坦桑尼亚文化基金。该基金的成立受到了各界文化发展参与者的高度赞许，被视作非洲大陆开展文化建设的典范。[①] 该基金通过筹集资金资助优秀文化激励计划，促进文化发展和国家建设。此外，该基金还设立了"弦乐奖"（Tuzo ya Zeze），以表彰在推进文化发展中作出突出贡献的个人和机构。

坦桑尼亚文化基金的运营由坦桑尼亚文化基金理事会负责监管，该理事会的成员是在赞助商内部通过民主选举产生的。瑞典政府负责提供基金的创始资金。遗憾的是坦桑尼亚文化基金的运营者和赞助商们未能及早采取措施拓宽并维护融资渠道。尽管教育文化部不断给基金注资，要求赞助商和理事会维护基金的可持续运营，然而文化署被移出教育部以及业务的重新划分还是打乱了推进文化发展的节奏，由拆分后的司局与科室重新组建的部门也未能及时发现建立文化基金的重要性。尽管成立基金的初衷是好的，但非官方机构融资渠道的缺失预示着基金日后的衰败。到了 2010 年，坦桑尼亚文化基金已名存实亡。

政策的实行

2000 年政府对《坦桑尼亚文化政策》进行了评估，结果表明目前仍需筹备文化战略计划以加速政策的推进，随后便开展了文化战略计划的准备工作，然而在方案尚未完成时，相关文化业务又被重新分配。当中一项较为艰巨的任务是推进国语的使用。对国人而言，拥有我们所熟知的专属语言——斯瓦希里语是身为坦桑尼亚人的一大幸事。政府也曾声明斯

---

① 南非经济共同体（SADC）和津巴布韦在设立文化基金时均参考了坦桑尼亚文化基金的发展建议。

瓦希里语既是我们的国语,也是我们的官方用语。

斯瓦希里语如同我们的名片,将所有国人紧紧凝聚在一起。尽管如此,仍有部门没有意识到语言是推进业务发展的一大利器。比方说,法律部仍在用英语撰写草案。坦桑尼亚仍有许多法案用英语书写,法庭审判也采用英语作为工作语言。这一不断巩固的趋势将建立一种全新的"传统",剥夺许多坦桑尼亚人加深对政府了解的权利。我们应当意识到,斯瓦希里语在官方场合的使用有利于增进政府和人民的交流,提升民众在公共事务中的参与度。

结　　语

坦桑尼亚政府从独立初期就开始监管文化相关事务,尽管这一过程充满激荡与挑战,文化署仍直属于政府。在这一背景下,业务的拆分、归并和重组使其任务变其愈发艰巨。倘若行政人员可以充分理解文化的内涵,并认清文化对发展的重要性,文化业务将更加发扬光大,为政府实现自身目标作出更大的贡献。

文化署应当在政府的统筹下在各级机关内建立稳定的机构体系,广纳贤士,知人善用,在满足基础预算的同时,维护稳定的政治信念。正是因为开国先驱们意识到了坦桑尼亚多民族文化的多样性,并联合各民族文化共同创建了国家文化,坦桑尼亚的和平、稳定与团结才得以实现。各大政府机构及非官方组织的所有文化建设者们都应当深耕文化建设,制定明确的发展规划,基于准确的信息和数据作出决策。

参 考 文 献

Jamhuri ya Muungano wa Tanzania,1979,*Utamaduni Chombo cha Maendeleo*,

Wizara ya Utamaduni wa Taifa na Vijana.

Jamhuri ya Muungano wa Tanzania, 1997, Sera ya Utamaduni, Wizara ya Elimu na Utamaduni.

Nyerere, J. K. , 1966, *Uhuru na Umoja* (*Freedom and Unity*), Dar es Salaam: Oxford University Press.

第三章　全球流动中的文化

引　言

理解文化在全球流动中肩负的责任为处理文化事务带来了新的动力。这是因为直至近几年,文化尚未在任何领域的发展中显现其关键作用。现在全世界都在讨论文化政策在发展中的重要性,甚至世界级的金融机构,如世界银行、国际货币基金组织也在讨论者之列。本章将聚焦全球流动中的文化所肩负的功能如何才能辐射并惠及坦桑尼亚。

被统治的影响

包括坦桑尼亚在内的许多国家过去曾被殖民者统治,甚至在经历民族解放运动实现独立之后,它们依然在思想与发展理念上依赖于过去的统治者。在对这些国家实施帮助的过程中,援助者(或者我们可以称其为发展机构?)的重心在于交通运输,扩充现代化农业设备,修建医疗卫生机构、水利工程等基础设施建设。援助者将其援助导流至这些领域的同时,他们相信受援方将会尽快获益,加快发展。他们相信农产品和工业产品产量可以实现增长,良好的交通运输设施可以使货物和各项服务更快辐射至各地。简单来说,经济发展是消除贫困的答案。而人的空间,无论是从个体还是群体而言,在这一时期的社会发展中都无法得到凸显。

另一件对文化在各国发展中产生影响的事就是各国学者与领导人的狭隘视野。在这些人当中,部分人将文化看作是富人制造的奢侈品,例如去电影院看电影或是去剧院看话剧。在讨论国家发展的时候,这些学者和领导人看不到讨论这些需要持续投入资金的奢侈品的必要性。同时也有人认为文化属于过去,自由的国家只有摒弃这些沉疴才能迈向未来。对这些人而言,发展意味着新事物,尤其是从曾经作为统治者的西方国家舶来的东西;发展意味着国民盲目地模仿民族独立前殖民统治者的生活方式,例如与他们穿同样的衣服、说同样的语言、住同样形制的房屋、吃以同样方式烹饪的菜肴。事实上他们非常努力,只剩下肤色无法改变。最后他们骄傲地自夸道自己除了肤色以外已经完全是欧洲人。这些人自称是"黑色的欧洲人"。大多数非洲国家的学者与领导人在实现国家独立以后就迅速摒弃他们的本土性的做法实在令人震惊和悲伤。[①] 不仅如此,这些人并不知道该如何结合他们的实际情况因地制宜,而是喜欢模仿他们曾经的殖民统治者们。正是基于这种情况,杜蒙特教授(Rene Dumont)写下了《非洲的错误起点》(*False Start in Africa*)一书。

就在这些新生的非洲各国的大部分学者与领导人用欧洲人的行为模式来推进工作的同时,与他们一起团结一致争取民族独立的国民们却被抛在脑后。不希望自己与其他国民相同的新阶级正在形成,在争取民族独立时存在于学者与国民之间的良性互动开始逐渐消失。

这种情况造成了这些国家争取发展的努力功亏一篑,因为领导者们

---

① 尼雷尔总统亲眼目睹了这种问题,并在 1962 年宣誓就任总统后针对这一问题进行了深度演讲。这种情况也促使他设立了国家文化与青年发展部。

的愿景与他们统治下的国民并不一致。领导人不知道国民期盼什么、关心什么，因为他们要不就是对此毫不了解，要不就是对自己领导的社会中存在的文化深恶痛绝。与此同时，诸如国际货币基金组织、世界银行和其他国际援助机构则持续提供基于其价值观的发展愿景计划。众所周知这些愿景并没有实现，甚至那些获得脱贫援助的非洲国家的贫困状况仍在进一步扩大。这种情况开始滋生诸多问题。

文化的彰显

国际社会曾作出许多努力，希望查明为何非洲国家在接受了诸多脱贫援助的同时，贫困状况却在进一步恶化，联合国为此开始研究文化与发展之间的关系。许多国际机构，如联合国教科文组织已经开始担忧此时文化的概念是否还像过去一样适用。在 1982 年于墨西哥城召开的世界文化政策会议上，文化的定义已经被完全阐明。[1] 席间关于文化的定义，代表们展开了深入的讨论并最终作出如下解释：

　　现在文化可以被理解为是社会以及社会团体公认的包括灵魂、肉体、智力以及感受在内的种种事物的集合。它不仅包括艺术与文学，同样包括生活方式、基本人权、价值体系、习俗与信仰。

这种关于文化定义的崭新立场在国际上掀起了渴望进一步了解文化、探究文化究竟如何影响发展或被发展所影响的种种实践。从 1988 年1 月起，联合国教科文组织与各单位一同举办了世界文化发展大会（1988—1997）。在这期间全世界范围内文化相关活动此起彼伏。例如在

---

[1]　参见本书第一章。

1992年4月,世界银行召开了非洲大陆文化发展会议。这次会议使非洲统一组织(Umoja wa Nchi Huru za Ki-Afrika, OAU)与联合国教科文组织携手并进,共同声明非洲的发展不能忽视文化议题。这是因为发展要着眼于相关人群的感情、信仰以及期盼。

在这次会议上,沟通问题也得到讨论。在明确非洲大陆各个社群都有其本土语言之后,随即而来的问题就是究竟哪一种语言适合这些社群的成员共同使用以进行交流。很明显英语和法语对非洲人民来说并不能满足传递好的(或是坏的)科技信息的需求。许多例子表明文化并不是任何社会发展的阻碍,而是相关社会发展的基石。同时这次会议还明确了此前的发展项目在实施的过程中并未重视相关社会的文化元素。事实上这正是大多数项目未能成功的重要原因之一。其中部分项目对文化这一基石而言已是威胁,也有部分项目没有挖掘这些文化基础中潜在的发展机遇。

联合国教科文组织的努力

在1991年举行的第26次大会上,联合国教科文组织通过决议,敦促该机构主任与联合国秘书长携手成立联合国文化发展委员会。这一决议获得了联合国大会的支持,并于1992年11月任命哈维尔·佩雷斯·德·奎利亚尔(Javier Pérez de Cuéllar)担任委员会主席。该委员会于1993年初正式开始工作,并于1995年实现机构正常化,出版了专门通讯《我们具有创造力的多样性》(*Our Creative Diversity*)。这份通讯公开了许多此前被专家们忽视的内容,并且强调忽视人文主义和文化的发展并不可取。通讯进一步重申文化在日常生活中的重要性。以下援引部分概述:

因此,文化可以在某种程度上成为发展的驱动力(或是阻碍),它不应仅仅作为一种经济发展的激励口号(或阻碍)而被边缘化。文化的职能并不局限于作为实现发展目标的素材——尽管狭义上这确实是其职能的一部分。文化是社会和社会发展目标的基础。发展与经济是人类文化的一部分。

我们无法对已有生物进行优化,不同的是文化是我们发展和创造的源头。如果我们改变"文化只是一种资源"这种成见,赋予它创新的职能,我们将见证在文化进步引导下实现的发展。(第15页)

文化发展委员会的这一通讯直接促成了教科文组织在1998年3月30日至4月2日于瑞典斯德哥尔摩召开特别会议,商讨文化在发展中的地位以及如何将它嵌入联合国教科文组织各成员国的政府政策中。会议共有来自149个国家、23个官方国际组织、135个民间国际组织的2400多名代表参加。坦桑尼亚是本次大会的参与国之一。以下是大会对联合国教科文组织成员国的政策领域所提出的倡议:

- 将文化政策作为发展战略的重要组成部分。
- 推动文化创新产业化发展。
- 落实、完善物质/非物质文化遗产、濒危/普通文化遗产的保护政策,挖掘文化的商业潜力。
- 保护文化与语言的多元化。
- 加大对文化发展事业的资金与人力投入。

以上倡议被全世界多个国家与机构深入完善。非洲统一组织秘书长收到包括来自斯德哥尔摩文化特别会议上提出的其他建议后,于1998年在布基纳法索首都瓦加杜古举行的非洲统一组织部长峰会上将所有建议提交至委员会供各国讨论。这次会议同意了以上建议,并敦促各成员国在决议的指导下开始制定文化政策。

国际化背景下的文化议题在本章中篇幅较长,主要是由于以下两大原因:

(1)提早明确当我们谈论文化时,我们谈论的是比日常生活更宽泛、更重要的东西;

(2)阐明我国比其他许多国家更早意识到文化在发展以及各类问题中的地位,只要我们能进一步发现文化的重要性,我们有足够的能力和视野在文化及各个领域带来巨大的发展。

联合国教科文组织的公约

自斯德哥尔摩会议结束后,联合国教科文组织连续讨论并通过了许多涉及保护和发展社会文化的公约。在此我们将重点介绍并讨论其中两份公约。

第一份公约是 2003 年提出的《保护非物质文化遗产公约》。文化遗产不仅仅是建筑和工具,还包括非物质的东西,例如口述与传授、表演艺术、语言、祭祀与庆典、传统知识等都会代代相传。2003 年的这份公约旨在引起国际社会对非物质文化遗产这一全球文化领域内重要组成部分的关注,同时制定相应的保护规则。

第二份公约是 2005 年提出的《保护和促进文化表现形式多样性公约》。每个社会都有其独特的文化表达方式。包括我们坦桑尼亚在内的所有社会往往会通过诸如雕塑艺术、音乐、舞蹈、编织、绘画和扎染的方式来表现艺术。这些方式会创造出各种独特的文化商品,从另一个角度来看,它们都是这个社会的标识。我们必须保护这些文化表达方式,不能让它们被埋没或消亡。

这两份公约对坦桑尼亚来说意义非凡,因为它们旨在帮助成员国进行文化保护,同时在不伤害人权和经济发展规律的前提下从中获益。不仅如此,这些公约还填补了 1972 年联合国《保护世界文化和自然遗产公约》留下的空白。坦桑尼亚已经加入了这份公约,它主要涉及:物质文化遗产,例如古代建筑、房屋;自然遗产,如盆地、山岳、农田和动物。坦桑尼亚一共有七个地方被《世界遗产名录》收录,这些地方因名录而被世界承认,并享受公约的保护。这些地方分别是:基尔瓦群岛遗址和松戈马拉遗址、乞力马扎罗国家公园、恩戈罗恩戈罗自然保护区、塞伦盖蒂国家公园、塞卢斯野生动物保护区、桑给巴尔石头城,以及孔多阿岩画遗址。尽管1972 年的这份公约很不错,但它没有触及太多与非物质文化遗产或多元文化表达方式相关的内容。

◉ 公约核心

以上提到的两份公约(2003 年及 2005 年)中包含许多重要条款,尽管各成员国都想从文化产业中获益,但它们首先必须重视这些条款。这些条款与我国的《坦桑尼亚文化政策》高度重合,同时提供了与国际社会携手保障文化多元性,建构共识的空间。以下为条款详情:

- 每一个成员国必须制定相应计划与规章制度以保护和发展文化及文化多元性。这些计划和规定能阐明该采取何种措施帮助艺术家以及其他与文化相关的人士获得工作资源。

- 2005 年的《保护和促进文化表现形式多样性公约》强调了文化产品与农业及工业产品不同的独特性。文化产品具有社会标识的作用,相关商业运作必须遵循另一种模式。这对像坦桑尼亚这样的国家来说是一种很重要的特点,因为它使进入该国的文化产品(音乐、电影、电视节目、电子游戏等等)置于监管之下,从而使该国文化免于全球化带来的侵蚀。

- 必须推动全社会重视非物质文化遗产、多元文化产品的功能以及文化自我表达的重要性。这项工作在国内已经在推进中,但这些公约在实施过程中将其视野扩大到了全球范围。

- 各成员国必须将文化发展的问题总结体现在文化发展计划中。例如,假设非物质文化遗产被归类至国家教育计划中,它将有进一步发展的空间。此外,假如文化产业被纳入工业和经济政策计划中,可以进一步通过文化产品展现国家形象。这表明传统工业在轻、重工业的发展计划中也占有一席之地。

- 两份公约都敦促发达国家对发展中国家的文化保护、多元文化发展以及文化自主表达实施援助。2005 年的公约希望发达国家继续对发展中国家的文化事业以及来自这些国家的文化产品提出专业建议。

- 两份公约均已设立基金贷款用以帮助落实公约中提及的责任。各成员国均可提出申请使用这笔款项获得援助。

- 这些公约均重视每个社会热爱其文化的权利,同时还有在不侵犯人权的前提下平等表述自己文化不被歧视的权利。

- 这些公约并不会影响最原始的 1972 年的《保护世界文化和自然遗产公约》的合法性或重要性。我们仍有必要继续推进这一公约,因为它的目标与以上公约不冲突。

为了满足以上公约,各成员国将与其他国家合作,摒弃政治和经济龃龉,以开放的态度保护本国及外国文化。例如依据公约中的相关条款规定,坦桑尼亚可以决定在电视广播(音乐、电影、语言等)播送的时段中分出一部分时间专门放送坦桑尼亚相关内容。这样的措施不仅是在保护我们的文化,还将帮助我们挽回一部分用以购买无用的外国文化产品的外汇。

结 语

文化肩负着引领发展进程的重要责任。一直以来这一现实情况都未得到承认。文化并不是过时的或是过去的事物。正如之前已经阐明的那样，一方面文化是一种资源，另一方面文化也代表着发展机遇或发展高潮的到来。发达社会的人是那些有着自己的身份标识，自信且自立的人。简而言之，人类的发展即与他们有关的文化的发展。当下最现实的例子就是中华人民共和国，它悠久的历史和牢固的文化造就了社会的繁荣昌盛。

国家文化在国家发展中十分重要。坦桑尼亚的领袖们早在刚取得民族独立时就意识到了这一点。当时国际社会尚未如今日一样对文化予以重视。现在国际社会也已经意识到文化的作用，并进一步设立保护和发展文化的公约，我们坦桑尼亚人也应参与这些新公约的制定并切实践行公约，以便把握住其赋予的发展契机。

参 考 文 献

Dumont, R., 1966, *False Start in Africa*, London: Andre Deutsch Ltd.

Serageldin, I. and June Taboroff eds., 1994, *Culture and Development in Africa*, Washington D. C.: The International Bank for Reconstruction and Development.

UNESCO, 1972, *Convention for the Protection of the World Cultural and Natural Heritage*, Paris.

UNESCO, 1995, *Our Creative Diversity*, Paris.

UNESCO, 2003, *Convention for the Safeguarding of Intangible Cultural Herit-*

age，Paris.

UNESCO，2005，*Convention on the Protection and Promotion of the Diverity of Cultural Expressions*，Paris.

第四章 教育及文化发展

引　言

本章旨在阐明教育与文化的关系,证实文化的可持续发展离不开教育,以及在被高速全球化裹挟的当下,脱离了文化的教育将无法使国民受益。

教　育

我国 1995 年出台的《坦桑尼亚教育政策》(Sera ya Elimu na Mafunzo ya Serikali ya Jamhuri ya Muungano wa Tanzania)中阐释了教育的定义,并明确指出教育在文化发展和社会发展中的重要性:

教育是人们获取必要的知识和技能的过程,使之能够应对环境、社会、政治和经济的变迁。同时,教育使得人们的能力得以充分展现。(第 i 页)

上述引文从个体角度阐释了教育的概念:教育帮助个体在自身所处

的环境下满足自我需求。除了上述释义,该政策还对教育的定义进行了更加深入的解读:

> ……教育是培养因地制宜的人才和实现社会职能的过程。通过建立宏观的思想框架、技能体系和理解机制,帮助人类实现思维和行为的完善。(第 viii 页)

这一释义涉及了社会层面。教育培养人才以实现其社会职能。这点尤为重要,下文中将展开论述。

《坦桑尼亚教育政策》第 1 条第 1 款充分阐明了教育的目标。其中之一便是:

> 增进对坦桑尼亚文化、风俗和传统的理解与欣赏。(第 1 页)

该政策清楚地阐明了从学前教育、中等教育到高等教育,不同阶段的教育应如何实现文化理解与文化欣赏这一目标。政策中提出的这一宗旨恰恰符合我们伟大导师和哲人尼雷尔对于教育的解读:

> ……任何形式的教育,无论是课堂上还是课堂外,都有一定的目的。其目的是将国家的经验和传统代代相传,培养出随时可以发展并服务于国家的年轻人。①

确实,坦桑尼亚的儿童必须继承他们国家的知识和传统,并准备好为国家服务。但是扪心自问:我们的教育究竟已经在多大程度上实现了这

---

① J. K. Nyerere, 1968, "Elimu ya Kujitegemea", pp. 42 – 43.

一目标？年轻的坦桑尼亚人是否只是一群不具备民族精神和归属感的年轻人？上述问题的提出是为了了解教育在我国是否仍能实现其目标。

年轻人对此颇有微词，他们在歌曲、聊天、社交媒体平台上表达自己的不满。此外，年轻人的部分行为也引起了长辈们的不满。当被问及为什么要这样或那样做时，年轻人声称他们正在"与时俱进"。当长辈们回忆起年少时光时，年轻人则反叛，声称"老年人已经过时了"。其中的一些分歧可能源自成年人赶不上儿童和青少年学习和接受新鲜事物的速度。然而，同龄人在理解和实践上的差异则源自教育当中存在的缺陷。教育未达标的地区总会激发更多不同社会群体的抱怨。[1]

教　化

接受教育或获得教育不仅仅是授课和学习的过程。有教化的人是指接受过教育或培训，可以自主学习，且渴望了解更多的人。我同意弗雷德里克·梅耶（Frederico Mayor）的观点，即教育能够帮助受教育者开阔眼界，使之加深对自己和他人，以及对周边所处环境的理解。[2]例如，化学家也应当对土地纠纷、经济问题和权力斗争有所了解。梅耶教授强调，我们应当突破职业界限和行政界限，这些界限通常会制造冲突，使我们变得愈发狭隘。[3] 即使是算术冠军也不一定是有教养的人。只有当他运用所学知识在某些领域解决问题并使社会受益时，才可称之为有教养。此外他还得学习其他知识，譬如本国的历史，以及如何甄别历史撰述的好坏。同样，一个不认识本国地图或没见过世面的化学家，即使他有超凡的化学功底，仍不能被视作有教养的人。

---

① J. K. Nyerere，1968.
② Frederico Mayor，1995，p. 44.
③ Frederico Mayor，1995，p. 18.

我们必须审慎定夺适合坦桑尼亚的优质教育应当包含哪些课程。这里没有提到一直存在的"专业科目"和"非专业科目"的划分,因为笔者认为所有的科目都是专业的。事实上,为儿童和公众提供的教育必须以满足自身和国家当前及未来需求为目标。

仍有很多需要反思的问题。例如,为什么受过教育的农民子弟会厌弃并逃离赖以生存的农业?年轻人即使面临失业也要涌入城市,饥饿难耐的失业青年为了生存不惜触犯法律,国家会因此受到怎样的影响?坦桑尼亚首任总统朱利叶斯·尼雷尔早已预知这一危险,并在 1968 年出台了"自主教育"政策(Elimu ya Kujitegemea)。[①] 虽然这一政策的初衷是好的,但在某些学校,学生化身为教师的"免费劳工"被迫在田间劳作。在大多数情况下,这项政策被用来使学校自给自足,而不是让毕业生变得更加独立。最终,人们非但没有消除这个政策执行中的缺点,反而殃及了整个政策的实行。[②] 从那时起,我们国家的教育又回到了"美化就业体系"而不是"实现自主就业"。对于求职者来说,是否被聘用并非取决于自身的能力和技能,而是取决于求职者手上的资格证书。对于证书的过度追求使之成为巨大的"资本",同时滋生了证书伪造和考试欺诈行为。

确实,空缺职位的数量少于求职者。如果所有的学生大学毕业都没有自谋职业的能力或意愿,国家将如何受益?关于如何在社会上安置待就业青年的问题,杜蒙教授建议:

> 学校不应该引导学生脱离农村生活,而是要教导他们如何实现农村生活的现代化。[③]

[①] J. K. Nyerere, 1968, "Elimu ya Kujitegemea".

[②] 1997 年 7 月,作者与尼雷尔导师就政策的实施展开讨论,尼雷尔承认政策的落实中存在管理不善的现象。尼雷尔说,政策落实时他已离任,由时任领导负责教育及就业相关事务。

[③] Rene Dumont, 1966, p. 196.

对于尼雷尔而言,就像杜蒙教授所说,唯有使受教者自给自足的教育才是有意义的。目前,包括大学毕业生在内的许多年轻人在四处奔波寻找工作时仍长期依赖父母或监护人。这是一个亟待解决的问题,亟需借助我们所有的教育和培训机构建立一种自力更生的文化,使之成为我们国家文化中不可或缺的和可持续发展的一部分。在我们理想的社会里,年轻人在大学里所学的知识不但可以使之自食其力,还能为他人创造就业机会。这并非是一个不切实际的目标。

到目前为止,文化带来的问题在学校还没有得到足够的重视。多数课程并不包含文化相关内容,仅有的部分文化课程也没有对应的课表。这是一件极其危险的事情,因为当前的环境没有提供足够的空间让孩子们在课堂之外学习他们社区和国家的优秀文化。刻苦学习的孩子们大部分时间都花在课堂上或与学校相关的活动中,倘若学校系统中不包含这些内容,孩子们还有什么渠道可以获得知识? 课程设置中文化题材的缺失常常让我想起我在小学时读过的一个名叫"哈梅林的吹笛人"(Mpiga Zomari wa Hamelin)的故事:

吹笛人吹奏的动听乐曲吸引了很多儿童、成人,甚至动物和昆虫。一天,他到达哈梅林村,被告知当地正受到老鼠的袭击,尽管村民们想了很多办法根除鼠疫但却屡战屡败。吹笛人决定帮助村民,前提是获得相应的报酬。吹笛人遂开始演奏,被笛声吸引的老鼠们从藏身之处出来,跟随着吹笛人来到河边,吹笛人跳入河中,老鼠们便淹死了。吹笛人回到村里,看到村民们过上了没有老鼠的安逸生活。吹笛人谦逊地索要报酬却遭到了村民们的拒绝,他们声称吹笛人所做只是举手之劳。吹笛人不想和他们争论,而是演奏了另一首歌,村里所有的孩子们都聚集起来紧随其后。吹笛人陪着孩子们长途跋涉,在快要离开村庄时长辈们也跟上来了,请求他带着孩子们回来并答应支付报酬。吹笛人回到了村长那里，也拿到了先前商议好的报酬。村民们担心他们的孩子会遭受和老鼠一样的下场。

这里重要的是吹笛人知道村民的问题并协助解决了问题。知道自己的权利并坚决维权，知道自己的界限和村民的意愿并努力遵循。这里的吹笛人便是一个有教化的人，而不只是一个乐器高手。

这个故事可以帮助我们决策坦桑尼亚教育应当设置哪些课程。具备高专业度至关重要，可以在社会上立足的专业人士更是难能可贵。具备影响力的专家可以在不损害群体利益的情况下发挥自己的专业技能。这才是国家需要的人才。

我曾多次请求①相关人士借助我们的学校传播爱、和平与团结的种子。我将继续请愿以便我们的后代可以相处得更加和谐。此外，孩子们还要学习如何问候长辈、请求原谅、学会感恩。他们要学会在接受别人的善意时适时且真诚地说出"谢谢"（asante）、"抱歉"（samahani）、"辛苦了"（pole）。

提升教育质量

坦桑尼亚政府长期致力于提升我国教育质量，一直在为之付出努力。"基础教育发展规划"（Mpango wa Maendeleo ya Elimu ya Msingi，MMEM）过去改善了小学教学环境，为基础教育注入新鲜活力。然而文化建设并没有同提升教育质量一样受到足够的重视。1995 年出台的《坦桑尼亚教育政策》中明确指出：在社会发展和经济建设中，轻视优秀文化和优良传统的行为会导致社会内部的冷漠与仇恨。文化问题在教育中并没有受到足够的重视，其原因是政策中没有明确将文化列入教育范畴。

① D. K. Ndagala，"Dhima ya Elimu katika Kuendeleza Utamaduni"，2003.

目前大部分内容未被列入课程设置,已列入课程设置的也尚未明确教学计划。这是一种糟糕的现象。如前文所述,当前的环境无法给孩子们提供足够的机会,使之在课堂体系外加深对我国优良文化传统的了解。教育和培训政策鼓励普及坦桑尼亚文化和价值观。在发展民族文化时,我们必须仔细分析传统民族文化所包含的范畴。那些违背《坦桑尼亚文化政策》和《2025 坦桑尼亚国家发展指南》(Dira ya Taifa ya Maendeleo ya Tanzania 2025)所定义的符合国家意志的良好传统和习俗的内容必须被摒弃。与此同时,儿童和普罗大众应当接触并学习其他国家的文化。尼雷尔也曾强调过向其他国家学习的重要性,他说:

> ……我不希望有人认为复兴我们的文化就是拒绝其他所有国家的文化。一个拒绝向其他文化学习的国家是一个愚蠢和疯狂的国家。如果我们都拒绝互相学习,人类根本就不会进步。但学习其他文化并不意味着我们应该放弃我们的文化。我们应当学习那些可以使我们受益的,有助于我们发展的文化。[①]

对此,坦桑尼亚国父朱利叶斯·尼雷尔与印度国父玛哈特玛·甘地观点一致,后者曾说:

> 我不希望我的房子是一间四周筑满高墙的密不透风的屋子。我希望所有国家的文化都尽可能地在我的家中蓬勃发展,但不能动摇我们自己的家园。[②]

---

① 尼雷尔 1962 年 12 月 10 日总统就职演说中的内容,收录于 J. K. Nyerere, 1966, p. 187.

② Mahatma Gandhi, 1921.

这两位领导人均强调：我们不应该局限在自己的文化中闭门造车，而不去借鉴其他国家的优质文化。我们要通过"取其精华，去其糟粕"的方式，在发展的进程中扩大本国的民族文化，使坦桑尼亚人民从我们本国社会的文化中受益，且不会迷失自我身份认同。为了让坦桑尼亚人在不动摇自身的文化根基的同时学习他国的优良文化传统，我们必须大力发展具备民族特色的本国教育。如前所述，教育的主要目标是将一个国家的知识、价值观和传统代代相传，使得每一代人都为服务自己的国家做好准备。

结　语

缺乏道德观念、违背社会导向和国家意志的教育（即否定和违背国家利益的教育）无法让我们在不失去身份认同和自由意愿的前提下享有决定权。我们必须以自己的名义加入这个全球化的新世界，否则我们将被贴上我们不想要的标签。坦桑尼亚人在参与国际社会的同时必须知晓我们的身份以及我们的立场。父母、教师、科学家、艺术家、记者、政治家、宗教领袖和公众有义务加深对我国发展方针的了解，并确保按照方针的指引不断前进。《坦桑尼亚文化政策》和《坦桑尼亚教育政策》的实施必须在相互协作和相互赋能中齐头并进。提高教育质量不仅仅是翻新建筑物和增加教学材料。提高教育质量不仅是物质条件的优化，也是优化教育观念和所处社会环境的过程。

参 考 文 献

Dumont，R.，1966，*False Start in Africa*，London：Andre Deutsch Ltd.

Gandhi，M.，1921，"English Learning"，*Young India*.

Huntington, Samwel P. and Lawrence E. Harrison eds., 2000, "Cultures Count", preface of *Culture Matters: How Values Shape Human Progress*, New York: Basic Books.

Jamhuri ya Muungano wa Tanzania, 1995, Sera ya Elimu na Mafunzo, Wizara ya Elimu na Utamaduni.

Jamhuri ya Muungano wa Tanzania, 1997, Sera ya Utamaduni, Wizara ya Elimu na Utamaduni.

Mayor, F., 1995, *The New Page*, UNESCO and Dortmund Publishers.

Ndagala, D. K., 2003, "Dhima ya Elimu katika Kuendeleza Utamaduni", Mkutano Mkuu wa Elimu, Arusha. 译者注:此为作者于阿鲁沙教育大会上宣读的文章,译为《教育在文化发展中的责任》。

Nyerere, J. K., 1966, *Uhuru na Umoja* (*Freedom and Unity*), Dar es Salaam: Oxford University Press.

Nyerere, J. K., 1968, *Ujamaa*, Dar es Salaam: Oxford University Press.

UNESCO, 1995, *Our Creative Diversity*, Paris.

第五章　文教合并是一种"包办婚姻"吗？

引　言

在前面的章节中我们看到了教育与文化之间的重要关系。涉及教育和文化的领域必须相互合作以发挥作用。甚至与教育和文化相关的政府政策在推动稳定可持续的社会建设的过程中也明确了这一令人无法忽视的关系。然而，制定政策可以很完美，但落实政策却会因为执行人缺乏合作精神而困难重重。在本章中我们将简要讨论这两个领域在同一部委负责时的情况。

文 教 合 并

在拆分十七年(1974—1990)后，文化署和教育署于1990年重新被合并到一起。文化界人士将其视为一项重要举措，因为他们认为这将弥补国家文化没有被新生代继承而带来的发展短板。因为教育是继承文化的重要途径，同时还要把儿童培养成良好公民，人民相信新成立的教育与文化部将启动并切实落实以下事宜：

- 对学生进行良好道德与习俗教育,其中包括坦桑尼亚公民权利基础。
- 在学校中进行艺术与音乐教育。
- 包括传统体育在内的体育教育。
- 在教学场所建设、保护文化基础设施,特别是小学和中学。

然而,2005 年这两个部门分离的时候,距离其合并已经过去十五年,它们从未像当初设想的那样精诚合作,有迹象表明它们甚至偶尔会相互"拆台"。因此在谈论这一时期两署在同一部委下的工作时我已经问道:"这种合并是否只是一次'包办婚姻'?"我将尽量阐明这种不严谨的说法,并且提出改进建议,以使这两个重要的单位就算不再归同一部委管辖也能够精诚合作。

政策的三位一体,还是粗暴堆砌?

在 1990 至 2000 年间,文化与教育两署的"联姻"导致了三个"孩子"的诞生。换句话说,教育和文化部已经完成了三项旨在为教育和文化领域带来巨大改变的政策。这些政策分别是:

- 1995 年的《坦桑尼亚教育政策》。
- 1995 年的《坦桑尼亚体育发展政策》。
- 1997 年的《坦桑尼亚文化政策》。

尽管教育和文化部就是以上三项政策的主要监管和执行者,但由于历史原因,这些政策的目标从未完全实现。以下列举了 2005 年"离婚"(两署分离)时部分未落实的政策。

⊙ 优化机构单位

《坦桑尼亚教育政策》提出小学和中学教育阶段学生将得到妥善教育以便"每个孩子充分理解、热爱他具有的人性光辉，了解、重视、丰富我们的文化、道德、传统与习俗、国家团结统一、身份认同、渴望国家繁荣的基本原则"①。

政策执行实况：各单位并没有为了落实这一政策进行调整。

⊙ 校园体育课程教学

《坦桑尼亚体育发展政策》提出了以下要求：

* 体育教育课程应是学校以及成人教育基础核心课程的一环。
* 体育教育教学总纲要基于所有小学的基本条件和应有水平进行规划，此外各年级都要开设体育课。
* 要在师范类院校开设体育教育课程与考试。

政策执行实况：当时政府额外承诺开办具有体育特长专项的中学，然而这些计划最终流产了。根据这一政策，本应设立诸如长跑、板球等特长的体育学校。

⊙ 校园艺术与音乐课程教学

《坦桑尼亚文化政策》提出：

* 小学、中学与师范类院校将集中开设各类艺术课程，例如音乐课、

---

① 译者注：楷体部分为作者本人由英文译为斯瓦希里语。

美术课、雕塑课和戏剧课。此外这些课程将列入各级教育的毕业考试。

- 传统手工艺和相关教学将并入技术教育课程并得到进一步加强和发展。

政策执行实况:尽管技术教育课程尚存,但它无法满足这些政策的愿景,并且技术教育课程早在《坦桑尼亚文化政策》颁布之前就已经规划好,很难在职业技术教育的框架下发展和检验艺术课程。

在两署人员针对以上三项政策的实施展开讨论后,很明显两署的结合曾有许多共同的美好愿景。另外这三项政策本身没有任何矛盾的地方。问题在于部分公务员认为文化署对于教育部来说是一个初来乍到的"外来户",最后可能还是会离开这里。因此这一部门制定的政策就这样被搁置,等着和"外来户"一起被扫地出门。只有少部分公务员认真研读了这三项政策,了解对他们来说必须做什么才能使政策成功落实。指望这些政策在如此条件下得到落实就好像指望木瓜树结出芒果一样可笑。

第二个导致失败的因素就是许多公务员不知道教育和文化相关,他们只在乎这两个署究竟是属于同一个部委还是分属不同部委。这对两署而言有害无益。我最好再次强调曾任教育和文化部委员长的拉贾布(A. M. Rajabu)先生的话:"没有文化元素的教育就好像没有导航的飞机一样。"我们都知道飞机没有指南针就会迷失方向。我相信他的话,与文化相关的教育政策或许可以在两署置于同一部委时得到更好的落实。

在1995年联合国文化发展委员会出版《我们具有创造力的多样性》通讯,以及1997年瑞典斯德哥尔摩举行有关文化政策的国际会议后,世界各国相继开始意识到文化的基础作用以及发展的目标所在。许多国家巩固了他们的文化核心,修建了现代化的文保设施,欢庆并昭示他们的文化。南非、纳米比亚和津巴布韦是这些高效响应文化新立场的国家的其中几个。而我们坦桑尼亚人呢？自 1962 年开始我们的领导人们就意识到了文化对任何一个国家来说都是其灵魂所在,我们难道要无动于衷吗？我们必须在立场和行动上作出切实改变,以使公务员们跳出单一的司局和部委的局限,让他们意识到与他们的部门相关的政策,而不是计较他们到底该被哪个部门管辖。部委是政府的职能机构。例如,假设教育部的公务员们仅推动与教育有关的政策,忽视所有与该部委无关的内容,我们将很难优化教育。我们可以在国内的所有学校中设置新的班级、充足的教师和书籍,但是如果学生得到的东西不能激发他们的创造力,不能培养他们的人性,不能建立他们的爱国情操,同时也不能将他们培养成才,那么这些东西对学生的教育没有任何帮助。

建　议

我赞同部分公务员关于"文化署与教育署同属一个部委,并非'包办婚姻'"的观点。这曾是一个明智的决策,如果它落实得当,将可以提高教育水平,助力创新型人才国家建设,加强国民自信。没有创造力和自信的人不可能摆脱贫困。尽管两署已经分开,然而两署的公务员仍有义务继续抚养他们这段"联姻"的"结晶",即之前提到的三项政策。政府必须采取切实可行的措施以保障它们按计划落实。

两署的公务员应该熟读这三项政策,这样才能对他们职权范围内的工作了然于心,并分工明确地推进。对于那些由其他部门或部委管辖的工作内容来说,公务员们要确保与这些部门精诚合作,落实政策。人们没理由为这些工作争执,因为大家的目标其实是一致的——那就是建设坦桑尼亚。

结　语

自 2001 年起,与文化相关的国际合作协议层出不穷,文化的职能在全球范围内得到认可,这是因为全世界范围内文化既是一种发展资源,也是一种发展目标的看法已经成为共识。许多国家当下在文化领域尚无发展政策。坦桑尼亚作为已有政策规划的国家,应该迈步前进。公务员们不应再凭经验或是个人私欲,而是应该从长远来看,甚至是为了他们任期之后的国家发展来落实这些政策。

参 考 文 献

Jamhuri ya Muungano wa Tanzania,1995,Sera ya Elimu na Mafunzo,Wizara ya Elimu na Utamaduni.

Jamhuri ya Muungano wa Tanzania,1995,Sera ya Maendeleo ya Michezo,Wizara ya Elimu na Utamaduni.

Jamhuri ya Muungano wa Tanzania,1997,Sera ya Utamaduni,Wizara ya Elimu na Utamaduni.

第六章　传统习俗在生产中的职能

引　言

工作成果的好坏通常取决于它的作业流程,包括技能、专注度和作业时间等。本章将探讨传统和习俗在提高生产质量方面的功能表现。"优化"指将某一事物从现有的级别提升至更高的级别。因此,提高绩效是指寻找更好的工作方式来实现更高的生产力。这里讨论的是整个社会的表现,而不仅仅是政府或某些机构的表现。我们将参考社会各个领域的绩效模型进行详细解释。

传　统　习　俗

本书的第一章中已对传统和习俗的概念进行了解释,然而其含义还需进一步阐释,以便为之后提出的论点奠定坚实的基础。传统和习俗在某些动员的场景里会被反复提及,然而有些人其实并不真正理解传统和习俗的概念。如果他们很好地理解了这些概念,或许就不会在谈话中反复提及。这些场景通常会涉及下述言论:

- "传统习俗是发展的障碍。"
- "传统习俗是女性发展的主要障碍。"
- "传统习俗阻碍了教育的发展,因为父母限制孩子们上学。"
- "必须废除传统和习俗。"
- "除非根除部落的传统和习俗,否则我们的国家将无法取得发展。"等等。

当然,任何了解民俗和传统含义的人都会被这些言论所激怒,因为它们是对国家文化支柱的轻视,也对我们国家的民族身份和繁荣发展构成了威胁。事实上,我们面临的很多问题正是源于不加区分地摒弃传统习俗的行为。之后的论述将针对这一观点进行详细的阐述。

◉ 何为传统文化?

本书的第一章中已经指出,传统和习俗是文化的重要组成部分。坦桑尼亚联合共和国政府 1997 年颁布的《坦桑尼亚文化政策》对此概念进行了如下阐述:

> 传统习俗是所有社会文化中的重要支柱。传统使得社会行为和社会程序合理化。人们如若被质疑为什么要做某事,他们可以回答"这是我们的传统",这就意味着当前的行为是合法的。因此,传统习俗如同不成文的规则,描述了社会是如何运作的……或者世人是如何行事的。传统和习俗可以被建立、被优化、被传承,也可能面临衰落或消失。[1]

传统如同法律,习俗则是推进法律落实的相关规定。这些不成文的法律

---

[1] Wizara ya Elimu na Utamaduni, Sera ya Utamaduni, 1997, pp. 1 – 2.

法规与议会（例如国会议会、区议会或市议会）制定的法律法规的区别在于，它们的施行有赖于社会多数群体的理解和认同。如果得不到大众的理解和认同，这些传统习俗则会面临衰落或消失的风险。因此，"传统习俗的存续依赖于大众的意志"的说法是十分正确的。在此之前我们还需解答如下问题：传统和习俗的起源是什么？这在《坦桑尼亚文化政策》中有所说明：

> 习俗起源于个体或群体的行为习惯。当某一习惯传播为整个社会的行为习惯，便会演化为习俗。扎根后的习俗使得行为处事的方式方法合法化，随之转变为传统。所以，风俗习惯是永不落伍的，也不是我们国家应该极力摆脱的东西。与此同时，新的传统习俗不断涌现，陈旧的传统习俗也会逐渐消失。至于哪些应当存续、哪些逐渐消失，则取决于社会的态度和影响。社会赞扬和保护良好的习俗，同时谴责坏的习俗，以免其传播并演变为社会传统。[1]

《坦桑尼亚文化政策》的出台突出了以下几个关键问题：

- 传统习俗遭到摧毁的文化如同失去了横梁的房屋，如果没有其他传统作为支撑，将会面临衰败后消失殆尽的危险。
- 传统和习俗由社会塑造，其消退或发展也取决于社会本身的动机。这意味着，与宪法或议会制定的成文法律不同，越来越多的社会成员必须看到放弃或延续自身传统习俗的必要性。传统和习俗会根据民众的重视程度而得到与之对应的赋权。

---

[1] Wizara ya Elimu na Utamaduni, Sera ya Utamaduni, 1997, p. 2.

绩 效 表 现

有一句口号在坦桑尼亚流传至今:"工作就是生命,停止工作就是生命的终点。"这个口号的目的是激励人民努力工作,以便养活自己、建设自己的国家。部门的绩效取决于其目标、工具和职业道德。过去,劳动工具更多地依赖于整个社会的技术水平,而目标和职业道德则取决于传统和习俗。除了工作中和劳动者本人之外,职业道德还体现在俗语、谚语、歌曲和故事中。社会成员使用这些素材来指向和赞扬好的做法,批评不好的做法。哈里森教授(Profesa① Harrison)解释说,在先进的文化中,工作是美好生活的基础。在这些文化中,工作不仅代表着收入来源,而且还能带来满足感和尊重。②我赞同这一观点,很明显,坦桑尼亚许多民族都拥有先进的文化,因为他们重视并享受工作。

在我们的社会里,有很多强调工作重要性的谚语,还有许多歌颂工作、谴责懒惰的歌曲、赞美诗和故事。所有这些都是通过讲述和行动来教化儿童。通过这样的方法,与劳动相关的传统习俗得以延续,懒惰的人则受到鄙视和蔑视。目前,我们社会各方面的生产表现都在衰退,因为它的基础——即传统和习俗——要么被削弱,要么已经完全崩塌。造成这种情况的原因要么是民众没有受到教育,要么是忽略了鼓励优秀工作的传统和习俗。

1999 年 5 月 24 日,坦桑尼亚副总统奥马尔·阿里·朱马博士(Dkt.③ Omar Ali Juma)在阿鲁沙国际会议中心举行的全国文化政策会议上发表讲话。他在讲话中强调了让每个坦桑尼亚人热爱工作的重要

---

① 译者注:此为斯瓦希里语写法,即英文"Professor",下同。

② Samwel P. Huntington and Lawrence E. Harrison, 2000, p. 299.

③ 译者注:此为斯瓦希里语写法,即英文"Dr.",下同。

性。他说自己因为年轻人蔑视传统习俗和坦桑尼亚本土事物而感到悲伤。他认为教育可以使坦桑尼亚的年轻人"培养品格,热爱、尊重和欣赏自己的国家,保持耐心并尊重工作、尊重同事、尊重他人的想法"……副总统看到了在教育中纳入并强调文化议题的重要性,因为尚存的优秀传统习俗对我们国家的发展作出了巨大贡献。在谈到传统和习俗的责任问题时,有改革专家表示:

> 有些传统至今未发生变化,它们对整个国家和社会而言都是有益的。比方说,坦桑尼亚的家庭几乎都是大家庭,这在发达国家是不被允许的。但是在坦桑尼亚社会,这不但是被允许的,并且还有助于养育失去亲人的孩童或遗孤。尤其是在艾滋病爆发之后,遗孤的数量不断增长,仅凭政府的力量很难胜任所有的养育工作。这时候我们的文化就起到了很大的作用,因为每一个家庭成员都意识到他有责任养育亲属遗留下来的孩子。①

我十分赞同这位专家的说法,因为如果没有这种传统风俗使得人们以各种各样的方式承担起自己的责任,仅凭政府本身是无法满足整个社会的需求的。尽管民众的收入不高,但很多人还是意识到自己所担负的责任,因为这是他们的传统。我们的国家正面临许多问题,但我相信借助我们自身的传统习俗是可以减少这些问题的。我们不应该采用外来制度,因为这些制度源于与我们自身文化相互背离的外来文化。这一观点可以通过一些关乎各个领域的优秀传统进行佐证,例如环境保护、传统疗法、庄稼和收成的料理、如何滋养土壤、提升效率的方式方法等。

---

① A. K. Amani, "Nafasi ya Utamaduni katika kubuni Mipango ya maendeleo", Mkutano wa Kutathmini Muongo wa Dunia na Maendeleo ya Utamaduni, Arusha, 1997.

农　业

在坦桑尼亚,超过 80％的粮食和商业作物通过传统工艺种植,种植方法和种植工具均遵从传统。何时清理农田、何时播种以及何时除草更多取决于农民们的传统习惯。在不了解与相关作物种植有关的传统习俗的情况下,人们很难提高农业效率。有一些问题值得我们特别注意,其答案有助于分析和制定提高农业效率的策略。这些问题包括:

- 人们为什么使用某些特定的或基础的工具进行农业劳作? 可否在不影响农业生产质量的情况下更换这些用具?
- 人们是否有提升土壤质量的传统技术?
- 如果有的话,他们是否持续使用这些方法?①
- 在该地区是否曾经存在有害作物的害虫? 如果存在这样的害虫,它们是如何被控制的?
- 在有灌溉农业的地方,人们如何确保每个农民都能获得水资源?

这些问题的提出至关重要,因为有许多地方的农业受到了外来技术的影响,这些技术并没有认识到传统方法的重要性。孔瓜(Kongwa)在"二战"后的花生种植和位于伊林加(Iringa)的伊斯马尼(Ismani)的玉米种植就是(因为不重视传统种植方法而)受到影响的两个案例。近年来,我们意识到采用杀虫剂和用氯化肥取代有机肥料的做法对于农业生产有

---

① 古代的先人们并没有建造永久性的厕所,而是使用专门雕刻的木头在他们的香蕉田(ebibanja)上挖掘深坑(emishote)。当坑填满后会(用土壤)填埋,然后在农田的其他地方再挖一个新的坑。通过这种方式,他们运用粪便给农田施肥,而不影响他们的环境卫生。同样,他们通过收集香蕉茎、食物残渣和用于包裹婴儿粪便的草包,制作有机肥料。这些肥料被称作 mbungo,单数是 lubungo。

着负面影响。如果我们能更多地关注自身优秀的农业传统,农业生产效率就有望获得提升。

粮 食 储 备

在我们的许多社区中,人们总是自诩自给自足的食物供给方式。你或许会听到有人说,"不要吓唬我,我不靠你吃饭"或"今年我不担心,因为我有足够的食物供我吃到下一季"。这些话语来自一个事实,即为整个家庭储备一整年的食物是一项重要的传统。例如,在许多农民社区中,当年轻人到了结婚年龄时,他们会被要求建造自己的住所。

完整的坦桑尼亚住宅通常包括粮仓或"吉亨格(Kihenge)粮仓"①,但在我们国家取得独立后的几年内,这一情况开始发生变化。在促进"发展"的同时,领导人鼓励人们建造更好的房屋,且仅有配备了卫生间的房屋才会被视为优质的房屋。每个家庭建造仓库并储备足够食物的传统并没有得到鼓励。其结果是,伴随着时间的推移,这一传统逐渐淡化。农民开始卖掉他们的所有收成,依赖于从村庄的仓库购买或从国家的粮食储备中获取食物。如果民众被鼓励在他们的住所中建立粮仓,将粮仓视作优质房屋除了卫生间以外另一个重要组成部分,那么饥饿和食物短缺问题也将随之减少。尽管卫生间很重要,但对没有食物的人而言绝非必要。

如果我们想提高食物储备效率,我们必须回归自身传统文化,确保我们国家从家庭层面开始储备食物。每个农民都应确保自己建造了足够的仓库,并在出售粮食前(在自家的仓库中)填满食物。如果缺乏对于家庭层面食物储备的鼓励和监管,我们将无法消除粮食短缺问题。通常,当农

---

① 译者注:这是一种通常由椰子叶和树干组合而成的架空型简易粮仓,主要用于储存玉米、带壳谷物。

民享有丰富的收成时,由于缺乏存储食物的粮仓,他们会将所有的食物都出售掉,并计划在粮食短缺时重新买入。但是卖掉的食物并没有留在乡村,而是被运往城市,或是被出口到其他国家。当人们缺少粮食时,食物通常又难以获取,或者即使可获取粮食,价格也比他们出售的价格要高得多。通过理解并珍惜这一领域的优秀传统文化,我们可以提高粮食储备效率。

环 境 保 护

目前,全国各地正在兴起环保运动。政府鼓励人们植树,停止砍伐树木,停止在水源地从事农业活动。关于环保议题的公共会议已多次召开,谴责社区中破坏环境的不良行为。但向公众传达的环保问题通常被呈现为一种过于学术化的状态,解决方案似乎只是告诉公民应该做什么,仿佛他们一无所知,或者一无所长。

事实上,在我们摆脱殖民统治的时候,许多自然森林之所以得到保护,并不是因为殖民地法律,而是因为受到当地政府法律强化的传统习俗的影响。获得独立几年后,一些原始森林遭到滥砍滥伐,为当时的林业专家所推崇的外来树种腾地方。这些专家很多都是坦桑尼亚人,由于接受了国外培训,所熟悉的树种都是外来树种。我记得位于密塞涅县(Wilaya ya Missenye)卡尼戈区(Kata ya Kanyigo)的一片著名的名叫纽乌恩圭(Nyungwe)的原始森林,吸引了大量外来游客且为当地居民带来了可观利润。令人遗憾的是,后来这片森林的四分之一以上遭到砍伐,按照地区森林官员的指示,其目的是种植桉树。政府采取的这种无视自然保护程序的行动,极大地削弱了居民保护森林的努力。如今,这片森林剩下的部分因失去原本的主人而状况堪忧,不断遭到破坏。

然而,有很多例子表明了各个社区是如何通过其传统文化来保护和管理环境的。1996 年,我访问了位于姆万加县(Wilaya ya Mwanga)的乌桑吉地区(Usangi),惊讶于这个人口众多的地区仍然拥有大量的原始森林。起初我以为是林业专家取得了这一成就,但事实并非如此。经过调查,我发现这些森林并非是根据专家的指导种植的,而是由社区依据其传统文化亲自管理。该地区家族首领去世后,根据传统,头骨会被放在一个器皿中,然后放在所属家族的森林中。通过这种方式,家族成员可以知道他们先前的家族首领的名字,以及哪个器皿保存着哪位首领的头骨。通过在家族森林中举行仪式,家族成员尊重其首领并推崇其信仰。在仪式期间,树荫在同一时空中连接着已故的人和活着的人。这种森林具有特殊意义,不是普通的森林,必须得到保护。这些家族森林在没有政府林业专家的指导下保护着土地和环境。除非采取替代性的保护措施,传统的消失必然导致家族森林及其历史的消失。

如果相关领域的从业人员意识到保护环境的优秀传统文化的重要性并加以利用,我们在环保方面的工作可以表现得更好。我审查了坦桑尼亚的环保政策,当中并未提及传统文化,或是广义层面上的文化。这一政策将环保问题上升为过于学术的问题,认为公众对环保议题一无所知。

我们的社区在许多领域拥有丰富的传统知识,使社区能够在艰难环境中生存下来。与其抛弃这些知识,不如加以利用,帮助我们摆脱当前面临的困境。《坦桑尼亚文化政策》中提到的环境研究为加强环保理念、寻求有效解决方案提供了资金支持。

社 区 健 康

仍有许多坦桑尼亚人受到疾病的困扰,而其中大部分疾病通过重视卫生守则就可以得到控制。人们在遵循这些卫生守则的同时,放弃不适当的传统文化,培养适宜的新习惯、新传统。然而,这是一个需要民众参与建设并提供支持的过程。只要人们认识到导致这些疾病产生的传统文化并摒弃它们,然后接受预防这些疾病的卫生守则,这些疾病就能得到控制。很多传统实践并非愚昧,而是当时的环境或贫困所致。这些事情应当在环境发生变化并变得更好的时候被遗弃。

我们经常听到卫生部门的从业人员抱怨赤脚医生、传统接生婆以及很多人宁愿使用草药也不去医院就医的行为和习惯。毫无疑问,这些专业人士相信,如果这些现象消失,他们的工作就可以更具成效。2006 年 8 月在达累斯萨拉姆市(Jijini Dar es Salaam)乡村博物馆(Kijiji cha Makumbusho)召开的一次研讨会上,一名来自地方卫生部门的官员在描述"夸雷人文化日"(Siku ya Utamaduni wa Wakerewe)庆祝活动时表达了对这一文化日的失望。他抱怨说他所在的地区有许多传统接生婆,孕妇大多在乡下由传统接生婆接生而不是在医院分娩。他对这种情况感到不满。当我对此发表意见时,我劝解这位官员振作起来,将这种状况视为帮助孕妇的机会,他可以为传统接生婆提供更多的技能和资源,以弥补他所认为的不足。通过这种方式,可以减轻诊所和医院的压力,因为一些小的问题可以在家里得到解决。尽管这位官员极不情愿地回应了我的建议,但对于在乡村生活过的人来说,他也意识到传统接生婆所从事的工作是重要且有益的。

无知和恐惧是导致许多卫生部门从业人员憎恨传统和文化的原因之一。有些从业人员认为,一切原始的东西都是耻辱,甚至在没有调查的情况下就下此结论。这是无知。还有一些从业人员不愿意承认,从未受过良好教育的普通人(和受过良好教育的人一样)有自己熟知的事物。这是一种恐惧。这些人害怕承认,具备传统知识的人是可以超越受过良好教育的人的。我相信,传统知识可以与现代医学相结合,更好地为民众提供服务。①

传统习俗发挥的另外一个重要作用是通过家庭提供社会服务。例如,当有人生病时,社区会竭力通过家庭提供帮助。当有人去世时,社区会出面吊唁并对灾难感同身受,与亡者家庭一起哀悼。如果孩子的父母去世,则由亡者亲属承担养育孩子的责任,社区会密切关注并确保这些亲属履行其责任。然而,这些现象正在逐渐产生变化。不同于鼓励这些良好的传统,照顾病人、孤儿和老人的责任越来越多地被排除在相关社区之外,而是交给特定组织接管。尽管这些组织在服务民众方面做得不错,但它们无法像亲属那样提供关爱。在许多地方,人们仍然遵循照料、护理和埋葬亲属的传统习俗,他们所需提供的帮助有时只是支付医疗费用或为其亲属购买食物。更好地提供关怀的方法是为他们的亲属提供援助,使他们能够继续在家里照顾或治疗家人,而不是建立专门性的、为有特殊需求的人群设立的"营地"。我并不否认非政府组织在照顾老人、孤儿和残疾人方面所作的努力,但我认为更多的努力应该集中在使这些人能够留在他们的社区和家庭中。我的建议是,只要社区仍然拥有良好的传统习俗,就应该加以利用,而不是忽视它们。

消　除　贫　困

尽管我们的国家拥有丰富的资源,包括肥沃的土地、各种矿产、天然气、许多野生动物保护区、众多河流和充满鱼类的湖泊,但许多公民仍然处于贫困之中。《2025 坦桑尼亚国家发展指南》(以下简称《指南》)中表

---

① 当前已从法律层面到医疗政策层面采取相应措施以认可传统医疗技术。例如,《传统医疗与替代药品法》(Sheria ya Tiba Asilia na Dawa Mbadala)第 23 号(2002 年颁布)、《卫生政策》(Sera ya Afya, 2007 年 6 月颁布)明确了政府与民间医生合作推动本地药物和传统疗法、加强公民健康的意愿。然而这些努力尚不足以推动传统疗法在经历了殖民者和本土统治者多年轻视和打压后重新崭露头角。

达了改变这一状况、让公民像他们的国家一样实现富裕的愿景。在该《指南》中,传统文化的作用不仅在于提高绩效表现,更在于国家发展。例如,《指南》强调在实施相关规划时需要重视发展思想和独立文化。对此,《指南》中指出:

> 关注教育和自我发展至关重要。与此同时,有必要采取特定措施来改变人们的思想和习惯,使个人和整个社会能够继续发展,并建设一个能够应对发展挑战并利用一切可能机会改善生活状况的社会。有力的发展议程,结合社会各层面的独立精神,是实现《指南》的基本要点。坦桑尼亚民众应当学会尊重工作机遇,珍视创新、专业和商业技能,树立储蓄性和投资性文化环境。[1]（加粗部分由作者标注）

尽管《指南》承认文化在发展中的作用,但《消除贫困和促进经济增长计划》(Mpango wa Kuondoa Umaskini na Kukuza Uchumi,MKUKU-TA)却没有充分认识到传统文化在消除贫困方面的作用。对于那些理解文化在发展中的重要性的人来说,通过国家制定的各种战略来厘清当前现实是他们面临的一大挑战。

储蓄与投资

本节简要介绍储蓄与投资。我们有许多关于储蓄的谚语,如"积少成多"[2]、"只要功夫深,铁杵磨成针"[3]。过去,人们会在歌曲和舞蹈中责备

---

[1]　Jamhuri ya Muungano wa Tanzania, Dira ya Maendeleo ya Tanzania 2025, 1999, kifungu 4.1.

[2]　源自斯瓦希里语谚语"Haba na baba hujaza kibaba"。

[3]　源自斯瓦希里语谚语"Bandu bandu humaliza gogo"。

浪费资源的人。然而,被严厉批评的是那些没有与社区分享他们财富的人。那些与社区分享财富的人,无论是为婚礼举办庆祝活动,还是在孩子成长的各个阶段举办庆祝活动,都因其慷慨而受到称赞,被视为有声望的人。因为人们利用自己的储蓄在社区获得声望,自此再也没有可以投资的东西了。因此,如果他们原本拥有简陋的房屋,那么他们的房屋将继续保持简陋的条件。显然,通过在社区中举办盛大庆祝活动来获得声望与通过储蓄实现投资的目标相互矛盾。

然而,我们应该认识到,贫困的人即使是持续储蓄,他们的储备也很少。贫穷的人日复一日地创造或投资满足他们需求的少数几件物品。即使他们拥有更多的制造技能,由于其经济活动的局限性,也无法扩大这些活动。这就是政府发挥作用的地方。贫穷的人最大的资源是他们的天生技能、文化和传统,这些资源总是伴随着歌舞、庆祝、仪式、歌曲和各种其他艺术形式。我们国家所有扶贫措施的策略应该集中在利用这些已经存在的资源上。这些人并不需要借贷,而是需要帮助,以便更为广泛地利用其已有的资源来摆脱贫困。在阐明这一点时,我有如下几个问题:

- 例如,摩洛戈罗地区(Morogoro)的居民擅长制作坐垫,因此,在这个领域进行投资是否有助于减少贫困?
- 制作关于各种传统庆祝活动的电影,除了作为国家文化的纪念外,是否可以以此方式为社会和整个国家带来利益?
- 我们的音乐和艺术是否可以改变制作方式,使其具备更大的吸引力、更多的营销方式,并最终成为艺术家和社会获得稳定收入的一种形式?
- 我们是否可以投资文化和传统研究,找出能够推动发展并振兴文化的渠道?
- 为什么我们谴责社区文化和传统,而不去分析社会问题的根源?

结 语

传统和习俗在提高各领域的绩效表现方面发挥着重要作用,前提是它们被充分认识和适当利用。的确,存在一些传统和习俗与国家意愿或当前环境不符,但我们不应该一概而论,而是要有选择地排除那些已被证明在当前环境中不适用的传统和习俗,采取有针对性的方法来根除其本质或根源。

所有从业者都应努力认识并接受那些在工作中提高效能的传统和习俗,以便保护并应用它们。此外,在工作场所使用的以书面形式存在的法律法规如果能够被理解和遵守,将更具力量。这些法规如果得到妥善执行,将得到显著强化并成为员工的行为习惯,一经理解便可成为企业文化。为了提高各个领域的工作绩效及质量,有必要对我们的社会进行研究,以明确那些已经被证明能够提高不同社区工作质量的传统和习俗,以便发现可以在社区和整个国家中运用这些习俗满足当前需求的方式方法。

参 考 文 献

Amani, A. K., 1997, "Nafasi ya Utamaduni katika kubuni Mipango ya maende-leo", Mkutano wa Muongo wa Maendeleo ya Utamaduni, Arusha. 译者注:该文宣读于阿鲁沙召开的全球文化发展十年会议,译为《文化在创新和推进发展方案中的关键作用》。

Huntington, Samwel P. and Lawrence E. Harrison eds., 2000, "Cultures Count", preface of *Culture Matters: How Values Shape Human Progress*, New York: Basic Books.

Jamhuri ya Muungano wa Tanzania，1997，Sera ya Utamaduni，Wizara ya Elimu na Utamaduni.

Jamhuri ya Muungano wa Tanzania，1999，Ripoti ya Mkutano wa Taifa wa Sera ya Utamaduni，Wizara ya Elimu na Utamaduni.

Jamhuri ya Muungano wa Tanzania，1999，Dira ya Maendeleo ya Tanzania 2025，Tume ya Mipango.

Jamhuri ya Muungano wa Tanzania，2002，*Traditional and Alternative Medicine Act*（No. 23 of 2002），Wizara ya Afya.

Jamhuri ya Muungano wa Tanzania，2007，Sera ya Afya，Wizara ya Afya na Ustawi wa Jamii.

第七章　文化与坦桑尼亚发展指南

引　言

我国许多发展计划的初衷和目的都是为了持续提高人民的生活品质。这些计划都囊括在《2025 坦桑尼亚国家发展指南》（以下简称《指南》）中。这份《指南》旨在 2025 年将坦桑尼亚建设成为具有以下 5 大亮点的国家：国民生活水平提高；社会团结稳定，政治清明；知识型、学习型社会；经济可持续，具有竞争力；能够满足全体国民的利益。《指南》明确表示：《指南》是对社会或国家如何在规定时间内满足国民对美好生活的"向往"或愿望的说明书，并且这些愿望应得到全社会或全国的共同认可。① 这份说明强调了发展计划在相关社会内部获得公认的重要性。换言之，《指南》和发展计划与文化的关联度极高，因为社会或国家内部的生命力和能动性往往以文化的形式呈现。本章介绍了国家各个职能部门内，文化与国家发展相互交融的方式，以及这种关系在 2025 年前后如何为我国带来积极的改变。

---

① Jamhuri ya Muungano wa Tanzania, Composite Development Goal for the Tanzania Development Vision 2025, 2000, pp. 70 - 74.

文化与其他社会事务

如果我们不关注当代社会文化中潜在的各种机遇与挑战,那么我们就很难按照指南建构理想社会。这也是 1997 年颁布的《坦桑尼亚文化政策》与 1999 年颁布的《指南》中部分内容有交叉的原因。实际上人类发展就是其文化的发展。制定各项计划的专家们花了很久才发现许多与社会发展相关的问题,其答案就藏在社会中。如果我们真的想发展,我们必须理解有关的社会文化,并将自身理解用于为社会带来所需要的变革。这一呼吁将聚焦其他领域内人们如何利用文化阐明发展计划并受其他人接受。

◉ 法律事务

社会内部既有途径奖励做好事的人,也有途径惩罚做坏事的人。该做什么、不该做什么往往有既定的社会流程、规则和法律。传统与习俗是规则,也是由社会成员所公认、实践的不成文法律。由议会制定的法律必须重视坦桑尼亚人的传统习俗。这里提到的重视是指关注并从政策法律的角度采用适合当代的传统习俗,同时将不合时宜的内容以法律的形式进行废止。

为了顺利地推进各项工作,法律及包括法院在内的相关机构必须关注相关社会的文化。如果这一问题得不到重视,那么社会与法律机关就会产生分歧。过去在初级和县区级法院曾设有"法庭长老"(Wazee wa Mahakama)一职,他们的工作是根据相关社群的文化,帮助讲解什么是不合法的行为。这是因为在某个社群或区域内司空见惯的事情或许在另一个社群或区域内就是不合适的。因此,法庭长老在法院达成判决时就起到了至关重要的参考作用。现在他们是否还在发挥作用则尚不清楚。

◉ 教育

　　教育在每个社会中都是一项重要的资源。它使文化在一代又一代人中传承，同时，教育也是使社会接受新鲜事物的重要途径。坦桑尼亚人尊崇的事物如果不通过正式的教育进行传授，就不会继续留存在世界上。学校进一步取代了祖父母、旁系亲属甚至是家庭教师的地位。通过传统方式传授的知识已经囊括在学校教育体制里了吗？其实仍有许多传统智慧因为部分原因，并未在学校或成人教育点（目前依然存在）传授。很明显，如果不采取任何措施，那么这些传统智慧的结晶就会消亡。因此，教育行业有必要开展下列工作：

- 教授坦桑尼亚人的良好传统习俗，例如审时度势、相互尊重和相互帮助。
- 与体育署合作，对传统运动进行研究，筹备相关出版物以便推广这些运动，使更多人了解并参与至其中。
- 开展各类体育教育，以便提高坦桑尼亚人的专业运动水平，为国争光。
- 开展艺术和音乐教育。

　　教育在保护和发展文化的工作中占有很重要的地位。不会从其他社会中汲取精华的社会将变得僵化与落后。在我们的社会中，过去和现在仍缺乏许多先进经验。我们最好虚心向他人学习并将其转化为自身文化的一部分，用它们来提高人民的生活品质。如果在我们的学校和大学里传授这些知识，它们将融入我们的文化。

⊙ **环境**

许多地方的国民都有自己的动物和农作物知识体系,它们的主旨往往是该社群保护当地环境的信条。在一些缺乏耕地和能源的地区,原始森林仍处于保护中。之前的章节中提到了乌桑吉地区(Usangi)的农村和姆万加县(Mwanga)的案例,当地的森林因本地社群的传统和习俗得到了保护与尊重。这些一直被保护的森林同样守护了各个家族领袖的封地。每个家族都有其林地,一直以来那里都是保护他们历史的场域。人们害怕砍伐这些地方的树木,因为他们相信这会带来厄运。这种信仰对土地紧缺地区的环境保护而言助力良多。坦桑尼亚多地均有许多对保护环境有益的传统与习俗。

同样的,自然环境遭受的严重破坏往往来自社会中的人类活动。如果只是少数人进行这种破坏活动,那么社会还能禁止并对其进行矫正,然而如果全社会都如此,它将变成人们习惯的一部分,那么这种行为就不再能被社会本身剔除,此时就需要使用教育手段对社会中不合时宜的传统与习俗带来的影响加以矫正。对此,1997 年颁布的《坦桑尼亚文化政策》(第 5.5.1、5.5.2、5.5.3 和 5.5.4 款)解释如下:

- 要发掘并逐步推广对保护环境有用的知识、技能和传统技术。
- 针对具有保护环境作用的传统和习俗展开研究,以便弘扬和推广这些内容。
- 针对具有危害作用的传统和习俗展开研究,以便宣传和摒弃这些内容。
- 采用多种文化范式推动保护环境的传统与习俗进一步弘扬光大。

与此同时我们应该采用现代化手段推动环境保护事业,这将有助于我们更有效地保护本地环境。

◉ 性别

关于性别的讨论有很多，但是大多数时候这些讨论试图展现女性如何被男性压迫，或是女性权益相较于男性而言如何被侵犯。我们的传统文化，特别是我们的传统和习俗则并不如此。在性别平权领域我们存在很大的不足，这是事实。甚至在 1995 年北京世界妇女大会（由坦桑尼亚代表格特鲁德·蒙盖拉女士［Getrude Mongela］主持）召开之前，我国的领导人们已经意识到这一问题，并详细说明了它的危害。例如尼雷尔总统曾在一次演讲中说道：

> ……女性的处境不仅与男性不同，甚至可以说更糟糕。妇女从过去至今所做的工作仍然比男性更多。就因为她们是女性，她们的处境糟糕到以至于要竭尽全力、全身心投入家庭中。如果说女性被压榨或许并不是事实，但是总体来说，过去女性权益不被重视的情况毋庸置疑。她们与男性的生活地位并不平等。她们过着奴隶般的生活。这种处境与我们正在规划的乌贾马社会主义大相径庭。乌贾马的基础是人人平等。如果我们希望取得更大更快的进步，女性的生活地位必须与男性相等。①

自我国取得独立起，人们就立志实现男女平权。因此坦桑尼亚国徽明确显示了男性与女性共同携手建设祖国、保卫国家资源的主题。其目的已经十分明显——在文化建设的过程中男女地位也要始终保持平等。

---

① J. K. Nyerere，1973，p. 86.

虽然女性在多数社会文化中并没有被赋予同等权益，然而在坦桑尼亚传统文化中仍有许多进步的地方并不为人所知。尽管在我们的社会中，许多女性不会公开地自主争取权益或提出决议，但有证据表明女性在社会事务的决策过程中也占有重要地位，但是这些决定往往不是由女性自身，而是由其男性亲属作出宣告。例如一些（部族）领导人常因其妻子的压力而参与或从战争中抽身。从这种路径来看，男性是替女性进行宣传或实现其愿望的工具。

这一领域的内容尚待进一步研究，以便我们可以总结出这种在女性职责讨论中常被忽视的女性"权力"为何物。女性的这种贡献之所以不为人知，是因为我国的女性地位往往被置于外国文化的标准下进行考量，尤其是欧洲和美国。非洲国家和政府的女性首脑们已经意识到了她们自身的权力，并且决定用这些权力为非洲大陆各国带来统一与和平。

◎ 科技

21世纪被称为科技时代。这是人类必须进一步保护环境的时代。但是我们社会中的固有观念却是从外界引进或被动接受技术。请记住，置人类和相关文化道德准则于不顾的技术运用只是一种奴隶制罢了。为使国民同意某种科技，我们必须提高他们的参与度，对他们进行相应的教育。国民如果被组织起来接受教育和培训，他们就会转变其习俗与信仰，顺利地接受科技。

在探寻科技的过程中，我们常采取这些措施，忘记了我们自己本有可能发展的传统科技知识。冶铁技术和各类农作物的生产加工曾在坦桑尼亚各地流传。此外，恩琼贝地区（Njombe）的恩戈罗农业、①乌卡拉岛

① 译者注：恩戈罗农业（Kilimo cha Ngoro）是坦桑尼亚鲁伍马省的传统环保型农业。

(Ukara)和乌克勒维地区(Ukerewe)的腐殖土农业都是我们传统知识的真实案例。不要抛弃传统知识,因为从某种程度上说,它们是我们对现有问题的解答,例如我们现在很难有能力从外部购买科技,在国内兴办工厂的努力使传统科技的运用与发展实现了统一。

◉ 社会健康

据世界卫生组织称,健康是指使人能够在社会和经济生活层面富足的良好身心状况。显然文化在人追求健康的过程中占有重要地位。信仰可以增强或影响一个人的健康。人类的传统和习俗,即人们从事各项事务的方式方法,通常可以改善或影响这些人的健康状况。卫生健康领域的从业者必须意识到文化的职责,从而与文化领域的从业者共事。以下是关于文化如何关联社会健康的部分案例。

减少新增艾滋病毒感染的方法这一议题与移风易俗有关。它意味着改变爱情、信仰、观念以及习惯这些使人产生社会联结的元素。与大多数人的习惯相关联的问题意味着它们与传统和习俗同样相关——即为文化问题。社会上关于艾滋病知识及如何预防该疾病的教育必须重视传统与习俗所能起到的作用。我们必须关注习俗如何加快传染速度,或是它们如何阻断传染。这种理解有助于更好地制定对传统习俗取其精华、去其糟粕的发展战略。在滨海省的基萨拉维(Kisarawe)和穆库兰噶(Mkuranga)区县,一种名为"求饶之舞"(kumwaga radhi)的仪式被认为是传染病的诱因并被加以消灭。从数据上来看,艾滋病感染病例究竟减少了多少仍未可知,但是其传播速度确实已经减缓。表演艺术,特别是戏剧被当作消除、减少、代替这种舞蹈仪式的有效途径。艺术已经成为应对艾滋病新型感染挑战的一种手段。

时至今日,仍有许多孕妇在接受传统接生婆的服务,传统巫医仍在村庄和城市里提供医疗服务。不仅如此,许多国民仍在服用草药以强身健体。然而,尽管这些传统的巫医和接生婆确实作出了巨大的贡献,我们对此依然存在立场问题。目前,草药、巫医和接生婆常被认为是组织社会健康水平提高的阻碍。持有这种立场的人更青睐外国的医学,甚至这些医学就算在当地,例如中国和韩国,也是传统医学。

现代医学有其优点,坦桑尼亚国民必须理解并接受它们。同时,传统医学也有其长处,我们必须承认并继续发扬。人如果接受他信赖的医学体系的服务,就会获得心理上的愉悦和宁静。近年来,我们目睹坦桑尼亚的传统巫医受到打击,与此同时,中国和韩国这样的国家正在为传统医生发放行医执照。"内巫外医"是一种文化层面的认识。然而国内的医学专家常把传统医生看作"巫师",却称国外的传统医生是"自然医学和替代医学的先驱"!因此,国外的传统医生在我们国家能被颁发行医执照,而坦桑尼亚的传统医生却被轻慢与限制也就不足为奇了。

国内优化社会健康的核心任务在于理解传统医疗健康服务体系。因此,政府或许可以从以下角度入手:

- 搜集整理民间散落的传统医学知识,以及如何运用这些知识改善社会健康的具体办法。
- 研究并厘清传统医学中阻碍社会健康发展的思考、行为、信仰和习惯模式,并提出改善和清除方案。

穆希比利医科大学(Chuo Kikuu cha Tiba Muhimbili)传统医药科已经在和传统医师合作研究辨别传统医药的功效,以便将对健康服务有效的成分总结出来。部分相关学者感受到了传统疗法的功效,将其称为替代疗法。这些专家一定对他们所做的工作感到自豪,并会进一步从传统医疗的精华中汲取知识,政府也在给予他们支持和鼓励。

文化署的贡献

政府的工作之一是与国民携手,提高人们的生活质量。而文化署在国家发展中作出的贡献主要集中在两大方面。第一就是设置文化范式,并且用它促进社会教育,消除落后愚昧,实现自我发展。文化此时就是发展的原动力。第二个方面则与发展文化产业的基础设施有关。这两个方面是文化在发展中的主要贡献,以下将对其进行简要介绍。

◉ 发展资料

许多部门已经开始意识到文化范式在社会中移风易俗、指引发展和公共教育方面的潜力,然而这些渠道尚未完全铺开,因为有些人还没有意识到如何合理利用这些发展资料。以下是一些文化能够进一步促进发展的领域:

- 恩戈马舞蹈团、合唱团、恩贡杰拉对唱诗组合[1]以及剧团可以派上用场,例如斥责工作时间饮酒和开小差。
- 恩戈马舞蹈团、合唱团、恩贡杰拉对唱诗组合以及剧团可以用来促进国民纳税,并且对拒绝纳税产生的影响展开教育。
- 可以用艺术演出的方式在部分地区增加包括批判贪腐、与艾滋病抗争在内的路演宣传频次,以此取代单调的讲座和出版物。
- 除了娱乐以外,戏剧能够在短时间内以低廉的价格在社会中传递重要信息。诸如父母教育子女、国民自发投入国家发展等议题可以通过戏剧和歌曲的形式传递给国民。

---

[1]　译者注:恩贡杰拉(ngonjera)是一种传统斯瓦希里语对唱诗。

- 农业以外的工作岗位现在寥寥无几。甚至在农业行业内也存在包括农产品价格下跌在内的种种问题。曾接受各类文化模式熏陶的国民可以实现个体经营，因而自力更生，为国家收入作出贡献。我们的文化产业催生出例如雕塑、手工画、陶器、编织篮、席子、传统食物、音乐、电影、观赏用衣物等各类商品，国民也经常通过将它们卖给来我国游览的外国游客的方式为国家赚取外汇。

- 我们的国语是与国民就各类发展问题展开讨论的重要工具。此外斯瓦希里语确实是大湖地区国家的大多数国民都能理解的语言。这让我国有机会将斯瓦希里语教师派驻到这些国家，向他们出售斯瓦希里语出版物。同时这也是另一种就业机会。政府可以在坦桑尼亚大使馆开设由坦桑尼亚人主导的斯瓦希里语教学机构。

- 历史物件、区域和书稿是我们国家的文化遗产。这些遗产非常宝贵，然而不幸的是，它们被外国人使用的情况远高于本地人。这些遗产在帮助建构民族自信的同时，也是一项财政收入来源。

- 运动是人们建立身心健康的直接途径。运动同时也能建立秩序意识、团结意识，是一大就业来源。许多人通过成为运动员或教练而致富。

文化这一工具已经并将长期为我国的发展作出贡献。为了取得更多成果，国家必须对相应司局加大拨款力度，扩充其权能，招募更多精明强干的雇员进行工作。

◉ 发展高峰

坦桑尼亚人之所以如此勤奋，是因为他们可以通过工作满足其他重要的需求。所有人都有"工作才有机会休息和娱乐"的预期。当一个人有空为他或其他人的文化欢庆聚会的时候,娱乐即是主旋律。这种娱乐包括去观看各类运动、剧目、电影、优秀的艺术家及其作品。这正是人们体会到工作益处的时候。然而,这些庆祝我们文化的方式在拥有完善的基础设施之前完全不可能实现。政府须与私营经济领域合作,进行文化基础设施建设。举例而言,做到以下三点:

- 将运动场所和其他各类娱乐场所区分开。
- 在各省、县区建造现代化的运动场。
- 建设可以使国民欣赏艺术名家的艺术表演的现代化礼堂。截至 2015 年,坦桑尼亚尚未拥有国家级的艺术礼堂。体育运动方面已经实现(达累斯萨拉姆市的国家体育场),艺术方面无疑也潜力无限。

意见与建议

文化在引领发展的过程中责任重大。问题在于这一事实往往不被认可。文化不是过时、守旧的事物。正如之前我解释的那样,一方面,文化是一种工具,另一方面,文化也是发展的必然。先进人群都有某种标志,他们既自信,又自立。简单来说,先进人群往往是文化发达的群体。人的发展即是文化的发展。为了使我们可以用自己的文化带来发展的契机,我们必须对文化署进行升级。初期具体有以下建议:

- 在省级秘书处设置文化专员并为其配置助理,例如体育专家、传统习俗研究人员和艺术专家。
- 在大区、市、自治区镇和乡村的议会中设立文化处。在这一机构中同样招募体育、传统习俗、艺术的专家学者。部分议会已经设立了文化处并招募了专家,但是许多大区尚未进行这项工作。

- 政府要看到巩固文化处地位的重要性,通过机关单位专门设置拨款,招募专家学者确保《2025坦桑尼亚国家发展指南》及各类配套措施得到更有效的落实。此外,政府要确保各项用于文化司的财政收入确实落到实处。例如按照此前的预期安排,将从博彩业获得的财政收入用于发展文化事业。
- 要将所有和文化事务有关的部门确立为专门部门,因此,这些部门需要由专业人士运作,并配以各种现代化资源。
- 政府要鼓励商人团体(特别是国内的商人)建设专门的文化基础设施,例如现代化的艺术展厅、博物馆、乡村和城市里的图书馆。
- 我们国家开设文化模式教育课程的大学太少。政府要增加此类大学的数量,同时加大对现有大学,如巴加莫约艺术研究院(Taasisi ya Sanaa na Utamaduni Bagamoyo)、马利亚运动学院(Chuo cha Michezo Malya)、巴加莫约图书馆档案和文献学院(Chuo cha Ukutubi na Nyaraka cha Bagamoyo)①的投入。
- 政府要切实接受、落实联合国教科文组织的文化公约,坦桑尼亚不止是该机构的一个成员国,这些公约对我们国家大有裨益。

结　语

为了在科技时代争得一席之地,坦桑尼亚须在开展各项工作的时候明确自己的追求和身份特色。世界各国(包括那些科技发达的国家)都在竭尽所能巩固自己的文化,以便掌控科学技术。对于那些没有追求的社会,科学和生物学只会变成奴役人民的工具,而不是成为生产工具。政府要让自己引导本国文化的发展,以便那些由其他国家主导、使用的技术对

① 目前此学院已更名为 Chuo cha Ukutubi na Uhifadhi Nyaraka cha Bagamoyo。

我们来说不会成为压迫我们的"负担"。不仅如此,这也能帮助坦桑尼亚规避自由市场与全球化市场带来的风险。政府必须像它在《2025 坦桑尼亚国家发展指南》和 1997 年颁布的《坦桑尼亚文化政策》中强调的那样,建立开放、稳定的文化。

参 考 文 献

Jamhuri ya Muungano wa Tanzania, 1997, Sera ya Utamaduni, Wizara ya Elimu na Utamaduni.

Jamhuri ya Muungano wa Tanzania, 1999, Dira ya Maendeleo ya Tanzania 2025, Tume ya Mipango.

Jamhuri ya Muungano wa Tanzania, 2000, Composite Development Goal for the Tanzania Development Vision 2025, Tume ya Mipango Dar es Salaam, Government Printer.

Nyerere, J. K. , 1966, *Uhuru na Umoja（Freedom and Unity）*, Dar es Salaam: Oxford University Press.

Nyerere, J. K. , 1973, *Uhuru na Maendeleo（Freedom and Development）*, Dar es Salaam: Oxford University Press.

Serageldin, I. and June Taboroff eds. , 1994, *Culture and Development in Africa*, Washington D. C. : The International Bank for Reconstruction and Development.

Umoja wa Nchi Huru za Ki-Afrika, OAU, 1976, *Azimio la Utamaduni wa Afrika*, Port Louis.

UNESCO, 1995, *Our Creative Diversity*, Paris.

Wizara ya Utamaduni wa Taifa na Vijana, 1979, Utamaduni Chombo cha Maendeleo, Dar es Salaam.

第八章　国家道德建设

～～～～～～～～～～

引　言

　　道德是指良好的行为，是在不偏袒或违反规则、规定和既定程序的情况下行事。教育就是道德伦理的传授——即在相关社会或群体中应该做什么、应该如何做。本章描述了国家的道德观和伦理建设，讲述了道德伦理如何被侵蚀，最后就如何保护我们国家的道德观免受损害提出了建议。

国　家　道　德

　　有人曾问我们国家的道德观是什么。其中一位提问者声称，坦桑尼亚没有民族文化，因此也没有民族道德观，因为道德观是文化的一部分。就他的观点而言，他认为形成民族文化的前提是该民族的所有公民都必须以同样的方式行事。几乎没有哪个国家（即使有也是极少数）的公民在做某些事情的方式上不存在这样或那样的差异。例如，在同一个国家，来自南方的人可能与来自北方、东方、西方或中部的人不同。人们互相问候、建造房屋、维持生活的方式以及其他方面的这些差异成了这个国家文化多样性的一部分。

如果是这样,让我们反躬自问:是什么让这些地方文化的集合(或社区/部落文化的集合)成为一种民族文化?这是否只存在于一个国家的边界之内?或者是否存在一种充当社会"黏合剂"的元素,使该国不同地区的这些文化融合成为民族文化?答案是:民族文化中确有其主干,但还有其他一些东西将各种文化结合成为一种文化,使差异本身得以保留并成为该民族文化的独特风味。民族文化的多样性和某些差异的存在,使得民族文化更具魅力。这种融合了各种不同社会文化使之构成民族文化的就是"黏合剂"本身。其中包括下列元素:

- 公民参与国家事务的行为或意愿。
- 国内推崇(或受欢迎)的事物。
- 国内不推崇(或不受欢迎)的事物。

在不同民族社群的文化中,人们做事的方式有很多共同之处。例如各个民族关于怀孕的母亲和她丈夫的各种禁忌,目的都是创造一个使孩子能够安全出生并得到父母双方共同照顾的环境。因此,可以说坦桑尼亚人有保护父亲、母亲和孩子的传统做法。这些做法符合国家关于儿童保育的意愿。但是,如果国家的行事方法及意愿与某个地区的某些社区或某些居民存在冲突,则必须采取措施。在这样的情况下,有必要追究相应社会为什么会违背民族意志去做事,并最终找到消除差异的方法。

民族推崇和不推崇某事物的状态,或是认同和否定某事物的状态,正是民族主义的基础和起源。这就是使相关人群成为一个国家,而不仅仅是一个国家边界内许多部落的集合的原因。这正是我们民族文化和道德观的基础和精神。需要注意的是,这种情况不是突然出现的,而是逐渐形成的。国父朱利叶斯·尼雷尔曾在 1962 年我国取得独立后不久谈及这个问题。他认为,人们必须具备这样一种观念:"我们不可以这样或那样做,因为这违背了我们国家的意愿,违背了我们的道德观。"①他进一步强调:

> 我们应当不断致力于建设本国的道德观,使任何一位国家元首都可以义正辞严地说:"尽管根据宪法我有权这样做,但我不能这样做,因为它不是坦噶尼喀的做法。"或者对于坦噶尼喀人民来说,如果他们错误地选举了一个疯子做国家元首,尽管根据宪法元首有权执行任何事,但如果他试图这样做,坦噶尼喀人民会说:"我们不能接受,无论他是总统还是比总统官职更高的人,我们都不同意。"②

尼雷尔指出,我国宪法的存在不足以保护公民免受罪恶行径的侵害。真正捍卫人民的是国家的道德观。尼雷尔认识到,国家道德观是由自觉且自信的人们——为自己的个性和文化感到自豪的人们——建立的。这就是为什么他在宣誓就任第一任总统后,马上采取措施纠正殖民主义者犯下的轻视人民和蔑视文化的错误。他最大的举措之一是重新创立了国家文化与青年发展部。创建该部门的目的是帮助我们寻找本部落的优良传统和好的习俗,不断发扬光大,使之成为我们民族文化的一部分,进而树立我们的文化自豪感。

当时的**坦噶尼喀非洲民族联盟**和政府领导人们,特别是国父尼雷尔,强调**乌贾马社会主义**和**独立自主**两大方针。他们旨在建立一个可以使人民过上社会主义生活的国家,其准则被描述为:"……(国民)像兄弟一样互相尊重,共同工作,共享劳动成果。"③其中**乌贾马社会主义**强调以下几

---

① J. K. Nyerere, 1966, "Importance of a National Ethic"(1962),p. 174.
② 同上,第 174 页。
③ J. K. Nyerere, 1968, p. 106.

项基本原则：

- 没有剥削——除了（未达到工作年龄的）儿童和（超过工作年龄的）老人之外，每个人都应自食其力。
- 经济生产的主要渠道是人民主导的政府机构和人民合作社。
- 民主存在的前提是：政府是由人民自己选举和领导的。尼雷尔相信"没有真正的民主就没有真正的社会主义"。
- 关于**乌贾马社会主义**的信念——社会主义不是凭空产生的，而是由具备社会主义信念并愿意付诸实践的人们去建立的。《**阿鲁沙宣言**》(Azimio la Arusha)中强调："目标的实现和社会主义政策的执行取决于领导人，因为社会主义是一种信仰，如果领导人不接受这种信仰，就很难建设社会主义制度。"[1]

这一制度以及对社会主义和民族独立的信仰是基于**坦噶尼喀非洲民族联盟**本身的信仰，它坚信：

- 人人平等。
- 每个人都值得被尊重。
- 每个公民都是国家的一部分，有权与其他人平等参与地级政府、省级政府乃至中央政府的相关事务。
- 每个公民都有权自由表达自己的思想，去他想去的地方，遵从自身的信仰，并在不违反法律的情况下与其他人会面。
- 每个人都有权从社区获得对其生命和财产的法律保障。
- 每个人都有权从他们的工作中获得公平的报酬。

---

[1]　J. K. Nyerere, 1968, pp. 16 - 17.

- 所有公民共同拥有国家的自然财富,作为其后代生活的保障。
- 为了确保国家经济平稳运行,政府必须拥有促进经济发展重要方式的全部控制权;政府属于人民,政府有责任积极干预国民经济生活,确保公民共同繁荣,防止一个人剥削另一个人或一个群体剥削另一个群体,防止财富积累导致的不平等制度的产生。①

为确保领导人深入贯彻乌贾马社会主义制度,**坦噶尼喀非洲民族联盟**全国执行委员会于 1967 年 1 月 26 日至 29 日在阿鲁沙"社区中心"(Community Centre)②召开会议,就组织内领导人作出如下决议:

- **坦盟**的领导人或政府的领导人必须是农民或工人,不得参与任何资本主义或霸权主义事宜。
- 不得持有任何公司的股份。
- 不得承担任何(资本主义或霸权主义)公司的领导职务。
- 不得享有两份及以上的薪水。
- 不得出租房屋。
- 这里所指的领导人是国家执行委员会成员、部长、国会议员,隶属于**坦盟**的政党首脑、政府领导、根据**坦盟**宪法条款规定的领导人、议员和具备中高级职务的政府公务员。(根据此条款,这里的"领导人"包含领导本人、本人携妻子、本人携丈夫。)③

---

① 该理念的大部分内容编入 1977 年宪法。

② 该建筑现为阿鲁沙宣言博物馆(Makumbusho ya Azimio la Arusha),保存着会议的重要材料,建成后经历了重大的现代化、经济化、社会化和文化改革。

③ J. K. Nyerere, 1968, p. 34,35.

坦盟全国执行委员会的这一决定于 1967 年 2 月 5 日宣布,于 1967
年 3 月得到坦盟大会的确认。这一决议被称为《阿鲁沙宣言》。该决议的
宣布在全国范围内得到了积极响应,民众组织大规模游行表示支持。许
多年轻人甚至老年人从当地的坦盟分支徒步至达累斯萨拉姆市,表明他
们对《阿鲁沙宣言》的响应和信念。支持《阿鲁沙宣言》的集会游行活动在
全国各地持续了一段时间,最终在坦盟主席兼坦桑尼亚联合共和国总统
朱利叶斯·尼雷尔的呼吁下停止了。他从马拉地区的村庄布提阿玛
(Butiama)步行至姆万扎(Mwanza),行程结束后,尼雷尔对坦桑尼亚民
众对该决议的支持表示感谢,呼吁大家停止游行并集中精力落实决议。

《阿鲁沙宣言》限定了领导人的行为,确保社会主义制度和自力更生政
策的实施由该信念坚定的追随者来管理。这是构建国家道德观的重要一
步,在这一道德观下,领导人是可预见且被认可的。社会主义和自力更生
制度旨在建立一个拥有自己文化的国家,取其精华、去其糟粕。保留本土
文化中美好的事物,去除其中不好的事物(例如贫困以及对妇女的歧视和
压迫)。新国家的建设需要正直的领导人,作为其所领导的人民的榜样。

国民服务队(Jeshi la Kujenga Taifa, JKT)和国家教育部(Wizara ya
Elimu ya Taifa)赋予了年轻人建设新国家、建设新社会的重大责任。独
立自主的教育政策于 1967 年出台,旨在使教育成为一种工具,使坦桑尼
亚儿童了解我们国家的历史、我们民族的语言,培养他们成为独立的人,
成为可以为国家利益而努力的坦桑尼亚民众。此外,年轻人被认为是建
设新国家的重要力量,他们在本国文化传统的基础上,通过吸收外来优秀
文化建设全新的国家文化。

道 德 建 设

道德建设亦是社会意志的一部分。道德建设必须为所有社会成员和

国家公民所了解，如果没有鲜明的社会意志作为指导，正确与错误的做事方式便得不到明确的区分。《阿鲁沙宣言》中规范了领导人的行为，但除此以外还有一些东西是坦桑尼亚人——无论是领导还是普通民众——十分珍视的，这些也构成了国家道德观的一部分。自获得独立以来，我们国家领导人的主要工作是与民众合作共同建设国家——这也得到了每个公民的认可和肯定。建设这个国家的一大武器是我们的文化——斯瓦希里语、艺术和优秀的传统习俗。当旧材料不适宜国家的建设时，我们就从其他国家寻找新的材料。人民及领导人建设国家的努力与国家道德观的建设齐头并进。这些道德观包括：

- （如坦桑尼亚国徽中所表达的）性别平等。
- （在没有剥削或偏袒的情况下）努力工作。
- （从家庭到国家层面的）独立自主。
- 如《阿鲁沙宣言》所述，政府和公共组织的领导人、高级管理人员不得利用职务之便谋取私利或挥霍公共资产。
- （建立在相互理解、相互宽容和相互尊敬的基础之上的）爱、团结与和平。
- 认识到头衔是一种保障，个体不应利用自己或他人的职权谋取私利。
- 禁止基于民族、宗教、性别、居住地或种族的歧视。
- 重视教育和培训。
- 重视并爱护国家资源。
- 禁止行贿受贿。
- 遵守规章制度和程序规范。
- 维护尊严和他人的生命。
- 行政事务确保民主性、公开性和真实性。

- 了解并推广优秀的传统习俗,例如:

　　——了解重要事件的时间和地点;

　　——保障不同年龄段民众(儿童、青年、老人)的权利和责任;

　　——穿着得体(参照社会的接受度穿着服饰,不得衣不蔽体)。

　　这些都是必须传递给新一代的道德观。上述道德观可以划分为两类:一类是我们从民族传统中继承下来的,另一类是我们在国家获得独立后共同建立的。建立道德观是建设独立国家民族文化的重要组成部分。由于社会不断发生变化,道德建设工作必须具有持久性。

道 德 保 护

　　道德保护的前提是了解道德观。为了让不了解社会(或国家)道德观的人能够了解并最终保护它们,我们的社会(或国家)必须建立一种解释和教导道德观的方法。过去,人们在家中从父母那里,或是通过(诸如割礼、成年礼等)聚会活动学习社会的道德观。虽然家庭承担着传授和保护民族道德观的责任,家庭成员相处的时间却日益减少,更多的时候人们在参与其他的社会活动(例如孩子们白天通常在学校度过等)。因此,我们需要更多的机构及授课方式,使越来越多的民众接触并了解民族道德观,例如:

- 学校。
- 政党新成员研讨会。
- 国民服务队。
- 宗教组织。
- 领导宣讲。

- 各类出版物。

- 艺术创作。

- 火炬接力跑。

过去，寄宿中学将来自全国各地的年轻人聚集在一起，使他们相互尊重、相互包容，共同居住在一起。爱、团结和宽容的品德在年轻人的生活中很早就建立起来，民族主义也越来越强烈。如今，走读学校因其易操作性逐渐成为一种趋势。但是，这是需要慎重考虑的事情，如果可能的话，应该增加包括不同地区学生在内的寄宿学校，而不是完全取消，因为大规模构建团结精神的成本要远大于办寄宿学校的成本。

尽管政党在建立和保护道德观方面已经作出贡献，我们国家对此仍然有非常大的需求。例如，**坦盟的政党纲领**就旨在通过其党员发挥先锋模范作用引领建立坦桑尼亚人的道德观。目前尚不清楚政党如何向其成员传授国家道德观，以便他们理解和维护这些道德观。政党的分歧不应影响民族道德观的建立。各政党就如何维护国家道德观进行竞争是合理的。坦桑尼亚人民必须武装自己，无论我们的政治意识形态如何，我们都将捍卫我们所尊重的事物，与我们所摒弃的事物作斗争。

国民服务队将来自全国各地的年轻人聚集在一起，富人的孩子和穷人的孩子一起生活和工作，大学毕业生与小学或中学毕业生甚至那些根本没有上过学的人一起工作和玩耍。除了不受歧视地共同生活外，加入**国民服务队**的年轻人还被教导树立爱国主义情怀，接受本国的道德观。这一程序不断被审视并巩固。斯瓦希里人常说，"木已成舟"（Usione vyaelea vimeundwa，意为顺其自然）。坦桑尼亚人的团结和和平（后者甚至使我们成为其他国家难民的避难所）不仅出现，而且已经奠定了基础。我们必须保护这一基础。正如先人所说："不了解死亡就到墓地看一看（Usipojua kufa tazama kaburi）。"

　　许多宗教领袖通过谴责邪恶,鼓励爱、团结与和平,在他们的信徒中宣扬正义。[①] 由于宗教信仰在社会上具有强大的影响力,宗教领袖在不损害我们独立以来获得的团结与和平的情况下,公正地宣扬他们的宗教是有好处的。如果宗教领袖了解我们国家的道德观,并且毫不畏惧、无所图谋地向他们的追随者阐明这些道德观,国家就会取得进步。坦桑尼亚政府没有宗教信仰,但由于大多数坦桑尼亚人都有自己的宗教信仰,政府领导人继续与宗教领袖合作以加强和保护国家道德观,对人民而言是有益的。

　　自我国获得独立以来,艺术就被广泛应用于教育和社区建设,通过创造美好事物造福我们国家。形形色色的艺术家们一直在发挥自己的创造力,以歌曲、对唱诗、诗歌、绘画和雕塑等形式批评坏事并赞美好事。在信息和通信技术,尤其是电视和手机普及之前,艺术对道德保护的贡献更大。这些工具因破坏国家道德而受到批评。然而,这些工具也创造了许多机会,如果管理得当,它们可以成为建立和维护道德的正向工具。确保艺术加强而不是削弱民族道德观是每个坦桑尼亚人的责任。艺术家不应该只是保持沉默或随波逐流,而是应该用自己的能力和技能来建设一个正义的社会。

　　我们国家的一些道德观是受到法律保护的,因此它们被载入国家宪法、国歌和各种法律之中。但是,仅仅将它们写入宪法和法律并不足以保护我们的意志。公民必须切身了解宪法和法律,以便能够与政府机构合作共同维护道德。此外还应指出的是,即使得到许多社区的传统和习俗的支持,也很难保护尚未制定为法律、法规或法律程序的民族道德观。需要有明确的程序来保护民族道德观,这样我们才不会在道德受到侵犯时怨声载道。[②]

---

　　① 曾有领导人在不同时期利用宗教煽动坦桑尼亚民众,激发暴力和仇恨。尽管这样的领导人很少,但一经出现,就必须采取合法公开的措施进行处理。

　　② 正在编写的新宪法是坦桑尼亚将民族道德观纳入国家根本法的绝佳机会。

道 德 败 坏

人们因道德败坏而时常抱怨。"败坏"是指一点一点地离开、破碎或消失。这种"道德侵蚀"意味着事情开始背离原则,没去做该做的事情,或做了不该做的事情。道德败坏是由许多因素造成的,很难在这短短的一章中完全解释清楚。其中一些原因如下:

- 外国文化通过媒体和社交网络对内传播并造成影响。
- 全球化和自由贸易(非自由公开贸易)。
- 社会上各种和各级机构在贯彻国家道德观时有所松懈。
- 议会和政府委员会等国家机构和宗教组织没有履行解释和维护道德观的责任。
- 老年人和年轻人在理解和模仿新事物方面的差距越来越大。
- 由于农业投资紧缩和私营企业扩张缓慢导致失业,尤其是年轻人的失业问题。
- 《阿鲁沙宣言》和领导人限令(Miiko ya Viongozi)的废除。
- 公共组织私有化未从广泛和长远的角度考虑国家利益。
- 贫富差距加大。

采 取 措 施

大多数导致或造成道德败坏的原因是我们缺乏足够的准备来对抗制度的变化。例如,公民在坦桑尼亚引入多党制之前(和期间)如何接受(不同政党在)国家道德观与特定政党政策之间的差异?准备不足——这就是为什么到处都有问题的原因。总的来说坦桑尼亚人民热爱和平,这是世人皆知的。但是我们当中的有些人,如果他们想要获得某些东西,比如领导权力,他们就会奋不顾身地去得到它。当中有些人宣称,哪怕发生流血事件也要得到自己想要的东西。这些宁愿发生流血事件也不愿通过既定的法律程序来获得权力的人,他们将如何受到社会的谴责?这些人是否意识到他们的个人(或政党)利益与国家利益之间的区别?所有坦桑尼亚人都有责任保护我们的国家道德观。因此,我们提出如下建议:

- 国家道德观应编入我国宪法。
- 不同行业(例如法律和医学等)具备不同的职业道德。各行各业的道德都应符合国家的道德观。如职业道德与国家道德出现分歧或冲突,那么职业道德观就应进行调整,直到与国家道德观保持一致。
- 各机构应确保国家道德观得到保护,保持公正,在看到违规行为时采取相应措施。
- 加强各级公民教育,认真分析教授内容和教授方式,以加强爱国主义。此外,必须认真、流畅地教授《国家历史》这门学科,让每个公民都知道我们的民族从何而来。
- 所有组织和机构都应确保他们的道德观不与国家的道德观相冲突,确保所有相关人员均被纳入加强国家道德力量的一部分。

结　语

本章阐释了民族道德观的内涵以及道德如何被侵蚀。随着生活条件的变化,文化也随之产生变化。为了带来积极的影响,这些变化必须受到管控。在我们的日常生活中,我们必须考虑国家道德观,不仅因为它是民族文化的一部分,更因为这些道德观带来了坦桑尼亚人民的和平与团结,我们有责任弥补缺陷,保护当下安全但极有可能被腐蚀或溃败的环节。

参 考 文 献

Nyerere,J. K.,1966,*Uhuru na Umoja*(*Freedom and Unity*),Dar es Salaam:Oxford University Press.

Nyerere,J. K.,1968,*Ujamaa*,Dar es Salaam:Oxford University Press.

第九章　斯瓦希里语的发展

引　言

作为坦桑尼亚的国语,斯瓦希里语在我国的地位自然高于其他非洲语言。它是世界各国、各国际新闻媒体中均有使用的一门国际化的语言。自民族独立时期起,斯瓦希里语在构建和发展坦桑尼亚国家意识形态的过程中的重要性一直不言而喻。斯瓦希里语被认为是我国最能团结各民族、各宗教的语言,因为它相较于其他语言的普及度更高,传播范围更广。我国取得民族独立以后,政府认为最好尽快设立一个专门监督、推动这门语言的使用和发展的机构。这个机构就是国家斯瓦希里语委员会(Baraza la Kiswahili la Taifa,BAKITA)。本章将主要讨论国家斯瓦希里语委员会,包括它是如何与媒体携手合作,保护和发展斯瓦希里语的。

国家斯瓦希里语委员会

国家斯瓦希里语委员会是 1967 年根据第 27 号法案设立的政府文教机构,该法案于 1983 年进行过修订。根据此法案规定,国家斯瓦希里语委员会是一个多边合作型机构,旨在吸纳来自我国各界的代表推动斯瓦希里语发展。过去曾有一段时间,委员会呈现出一片"达累斯萨拉姆"风格,因为所有的代表都来自达累斯萨拉姆省。[①] 然而斯瓦希里语并不仅仅是达累斯萨拉姆一个省的语言,也不仅仅是沿海地区居民[②]自己的语言,而是属于全体坦桑尼亚人的语言,所有人都有权使用它、发展它、传播它,这是国家的语言。国内各地区居民日常使用的各民族语言有责任和义务为发展这门国家语言作出贡献。

⊙ 委员会职责说明

根据相关法案介绍,国家斯瓦希里语委员会承担的主要职责如下所示:

- 在坦桑尼亚联合共和国境内全面推动斯瓦希里语的使用与发展。

- 与坦桑尼亚联合共和国境内其他与斯瓦希里语发展相关的机构合作并主持规划它们的活动事务。

- 推动斯瓦希里语在政府事务与社会公共事务中的使用。

- 推动全社会正确合理使用斯瓦希里语,阻止斯瓦希里语消亡。

- 与相关部门合作,共同开展斯瓦希里语术语的正确翻译工作。

- 出版与斯瓦希里语语言文学相关的期刊。

- 为政府、社会公共事务提供智力支持,同时也为非政府背景的、以斯瓦希里语创作或书写关于斯瓦希里语的作品的作者提供服务。

- 与各相关国际团体、组织以及私人机构团体合作,商讨并主导所有旨在发展斯瓦希里语的事务。

- 通过与国内各团体、组织机构合作,统筹规划坦桑尼亚联合共和

---

① 译者注:达累斯萨拉姆省是坦桑尼亚传统经济、政治强省,在德国、英国殖民者统治时期,该省一直是坦噶尼喀的政治、经济、文化活动中心。
② 译者注:此处的沿海地区居民指的是斯瓦希里人。

国的斯瓦希里语研究工作。

* 委员会有责任对任何作者、译者提出的特殊申请予以回应,保护以斯瓦希里语书写或译为斯瓦希里语的书籍与手稿,确保它们符合标准斯瓦希里语的语言规范并通过委员会审核。

* 与出版商合作,帮助作者以标准斯瓦希里语进行书写与创作。

* 开展斯瓦希里语写作比赛。

* 与政府教育部门合作,在正式出版之前确保各教科书均以斯瓦希里语编写。

为实现以上职责,委员会内部工作人员众多,这些工作人员均由坦桑尼亚联合共和国总统直接提名任命的执行委员长进行管辖。除了需要完成他们应履行的职责以外,这些工作人员还必须确保落实委员会的决议,并在委员会大会上对执行工作进行及时的报告。

国家斯瓦希里语委员会被依法授权自主创造额外收入以便能够实现机构正常运转,而不仅仅是依赖于政府的财政拨款。因此,委员会委员有责任运用其经验,在不影响委员会本身保护和发展斯瓦希里语这一核心职责的前提下,为委员会增加营收提供帮助。通过着眼于斯瓦希里语在国家发展中的重要贡献,即便委员会能够成功开源,创造更多营收渠道,政府也最好继续为这一重要的语言机构提供财政拨款。

斯瓦希里语的责任

本节主要讨论斯瓦希里语在我国国家发展以及我国与世界其他国家的国际关系中所处的位置。我们将围绕以下 3 个领域展开讨论:

* 商贸交流。

- 为国民传递信息、知识与教育。

- 将和平的文化传播至所有仍处于战争和冲突阴云下的地区。

谈及商业贸易，在许多我们从其他国家购买的商品上，都有用该国语言书写的使用说明。因为大多数国民并不通晓这些语言，对他们来说，评估或下决心购买这些商品就有困难。为何斯瓦希里语没有在商贸活动中被广泛使用？为什么那些目标市场是坦桑尼亚的商品制造方没有单独，或是和其他语言一道设置斯瓦希里语说明？更糟糕的是，那些在我国境内生产的、面向国内或东非地区销售的商品也常常只有英语说明。我们国内许多商贸广告和招牌都只用英语书写。难道只要商品以斯瓦希里语宣传，买家就会减少吗？

坦桑尼亚有着丰富的待开发资源，在我们的邀请下，许多投资者慕名而来进行投资活动。斯瓦希里语在全球化和自由市场的背景下，将得到更广阔的活动空间。想要进一步了解坦桑尼亚经济文化发展情况的人数量很多，而且这个群体仍在持续增长。如果相关信息和新闻以斯瓦希里语书写，那么需要这些信息的人就会去学习斯瓦希里语，或必须雇佣"斯瓦希里人"帮助他们进行翻译工作。语言文化领域的有关部门和斯瓦希里语委员会有责任引导商人和商品制造商重视斯瓦希里语，将其用于商品宣传和说明等领域。

为国民传递信息和知识这一议题十分重要。斯瓦希里语确实是大多数坦桑尼亚人都掌握的语言，也确实是国家语言。因此，目标受众是坦桑尼亚人的任何出版物、宣传广告、教学素材最好都用斯瓦希里语书写，发放给国民的农药、牲畜用药、医疗药品说明和科学技术的相关说明，如有可能，最好也都用国家语言书写。委员会必须与各方保持联系，确保斯瓦希里语成为教化坦桑尼亚人民过程中的重要材料。人们必须意识到，以其他语言传递信息给坦桑尼亚人的话，作为受众，坦桑尼亚人并不能完全领会这些信息。保护、巩固斯瓦希里语的地位，使其摆脱作为日常用语的桎梏，成为科学技术的重要语言载体，国家斯瓦希里语委员会责无旁贷。

为此，委员会设立了斯瓦希里语日，每年的 1 月都要抽一天专门庆祝、普及斯瓦希里语知识。① 1995 年 1 月 7 日，人们在达累斯萨拉姆市金融管理学院（Institute of Finance Management）的礼堂首次庆祝这个节日。如果人们也能在斯瓦希里语日纪念那些在各行各业、各领域为了国民利益，以斯瓦希里语提供语言支持的人才，这个节日将变得更有意义。例如，对于不从事科技工作的普通民众来说，如果没有人专门来传播科学技术知识，这些知识就不能得到普及。与此同时，能够让民众理解相关科技知识的主要工具就是国家语言。国家斯瓦希里语委员会必须与各大学、教育学院合作，用斯瓦希里语来阐释科学问题，以此向世人展示斯瓦希里语完全有能力承载、表达科学研究问题。

斯瓦希里语肩负着提供教育服务的重要责任。让我们暂且搁置那些早已旷日持久的关于教育语言选择的大讨论。对每一个孩子的家长而言，他们之所以把孩子送到学校接受教育，很大一部分原因是他们希望孩子能够进入高等院校学习。因此，家长常常把自己的孩子接受的许多教育活动实践视为一种为升学而进行的准备工作。很明显，这些准备工作主要取决于高等教育领域究竟需要什么样的学生。如果我们的高校能用斯瓦希里语开展教学活动，在中学里以斯瓦希里语授课的倡议就会更加师出有名。当各高校开始将斯瓦希里语用作高等教育工作语言之时，就是人们将这门语言用于中学教育工作中的最佳时机。高校处理自身事务

---

① 设立斯瓦希里语日的想法于 1992 年 7 月 31 日由时任革命党（Chama cha Mapinduzi）党主席的贺拉斯·科林巴（Horace Kolimba）在达累斯萨拉姆市昆贝区（Kwembe）为纪念著名斯瓦希里语先驱萨丹·阿卜杜·坎多罗（Saadan Abdu Kandoro）举行的纪念典礼上首次提出。随后委员会同意将纪念日统一安排在每年 1 月，这个月份也是坦桑尼亚著名作家、诗人夏班·罗伯特（Shaban Robert）的诞生月。

的规章制度由高校自身的权力结构所决定。这也是为何斯瓦希里语委员会应当与高校合作,推动斯瓦希里语的发展和使用。所以各高校不应抗拒或畏惧将斯瓦希里语用作教学语言。

不仅如此,那些声称儿童如果以斯瓦希里语接受教育,将学到更多东西并在考试中取得更好的成绩的说法并不绝对正确。许多孩子在以斯瓦希里语为教育语言的基础教育阶段的考试成绩仍不理想。斯瓦希里语教学中存在着与英语教学相似的问题。如果学生对教学语言的掌握程度不高,他们就不能够完全领会以这种语言提供的教育。据称,教育部和国家考试委员会已察觉到这一问题,因此在小学阶段的毕业考中,斯瓦希里语和英语课的考试各自独立进行。很明显,将斯瓦希里语用作各个阶段的教育语言目前仍有许多尚待解决的问题。国家斯瓦希里语委员会应尽快向政府申请推进以下工作:

- 确保国民在包括基础教育在内的大—中—小阶段的国民教育中得到正确细致的斯瓦希里语教育。
- 统筹教育精英以斯瓦希里语编写教科书。

对国家斯瓦希里语委员会而言,真正的挑战是如何协调各合作方,确保斯瓦希里语教育的真正落实,使这门语言能够承担起全年龄段教学语言的重任。

语言对于任何社会而言,都是发展和传播文化的绝佳材料。坦桑尼亚过去曾是非洲统一组织的中心。众多争取民族独立的非洲的斗士们被流放时都曾在我们国家生活过。当祖国获得独立时,他们随即离开这里返回故土,带走的东西里就包括斯瓦希里语。这也是为何斯瓦希里语能够在安哥拉、纳米比亚、莫桑比克、南非、津巴布韦和马拉维各地使用的原因。斯瓦希里语是东非和中非地区的主要语言,在坦桑尼亚、肯尼亚、乌干达、卢旺达、布隆迪、刚果(金)和科摩罗群岛地区通用。以上所有国家对推动这一语言的使用都充满热情,但缺少教授这门语言的老师。这一情况有利于坦桑尼亚人发展国语,并在这些国家中获得就业机会。对于语言研究人员、教师、作家和出版商而言,这正是千载难逢的发展机遇。我们要竭尽所能,将这门语言推广至全世界,最终从全球化中受益。

坦桑尼亚政府为推动斯瓦希里语成为非洲联盟的工作语言作出了巨大的努力,并在2004年取得成功。① 斯瓦希里语委员会与其他机构合作,一道为非盟大大小小的会议培养了足够多的多语种翻译人才。这项工作虽然艰巨,但是凭借坚定的国家意志,最终一定能圆满完成。

媒体的贡献

鉴于许多使用斯瓦希里语的国家都有丰富的媒体资源,我们最好谈谈这些媒体对正确使用斯瓦希里语所作出的贡献。从一开始,媒体对于斯瓦希里语在坦桑尼亚境内外的发展与传播可以说功不可没。它们在履行自身教化、娱乐大众、传递信息等职责时,润物细无声地完成了这一工作。以上职责事关重大,而实践它们的材料之一就是语言。然而我们不能忘记每一门语言都有它的语法、语义、词法、词语结构的使用规则。掌握正确的语言规则是媒体记者的本职工作。人们普遍认为撰写新闻稿是一项相对困难的工作,因为记者需要和各行各业、各个年龄阶段、不同背景的人交流。与公众交流时,记者应懂得如何在正确的时机以恰当的语句对话。因此,新闻记者必须花足够多的时间学习斯瓦希里语词语的正确用法,以确保他们撰写的新闻准确无误。

---

① 首位在非洲联盟使用斯瓦希里语的人不是坦桑尼亚人,而是莫桑比克总统若阿金·希萨诺(Joackim Chissano)。令人振奋的是,希萨诺总统是在该国解放战争时期,在坦桑尼亚和他的莫桑比克解放阵线(FRELIMO)同志一同接受的斯瓦希里语教育。

坦桑尼亚生活着约 125 个民族，每个民族都有自己的语言。媒体记者们来自不同的民族，所以他们的母语和斯瓦希里语的混杂，特别是发音上的融合就成了常见的情况。然而，记者和媒体理应使用标准的斯瓦希里语。现在国民已将媒体视为重要的消息来源。媒体的消费者不会想要在打开广播、电视，阅读报纸、杂志时，看到那些粗俗的，或对听众和读者没有任何帮助，反而是激怒人、侮辱人、令人不悦的语言。

确实存在少部分媒体不仅没有推动斯瓦希里语的发展，反而对它造成了糟糕的影响。这是因为这些媒体的记者们受外语，特别是英语的影响太深。最近你会听到人们用"清洗身体"（kuosha mwili）代替"沐浴"（kuoga）一词，用"洁面"（kuosha uso）代替"洗脸"（kunawa uso），用"搭公交"（wanakamata basi）代替"乘公交"（kupanda basi）。[①] 这还只是我临时想到的一些例子而已。部分记者用英语来构思语句，然后将其译为斯瓦希里语，却没有重视斯瓦希里语的语法和文化习惯。英语单词"wash"有用水洗、擦拭、清洁的意思等等。在标准斯瓦希里语中，在生的人在清洗自己的身体部位时要用"-nawa"，清洗全身则应用"-oga"；对于去世的人则要用"-oshwa"。在斯瓦希里语中，人死后留下的躯体被称为"尸体"（mfu）或"遗体"（maiti），而不是"死者的身体"（mwili wa marehemu）。活人的身体才能称为"mwili"，这也是为什么人们会用如"给全身涂油"（kujipaka mafuta mwili mzima）的说法。最近由于受到英语的影响，媒体常用"死者的尸体"（body of the deceased）来替代"遗体"一词。记者们应当明白，斯瓦希里语已经足够成熟，如果他们用斯瓦希里语思考、撰稿，那么他们就能用这门语言正确地生产出内容。这样做也能巩固我们的文化。

---

① 译者注：在斯瓦希里语中，上述单词和短语原本已有专门的词语或说法表示，不过随着语言的发展，许多人也习惯直接将英语中的相关表达方式以斯瓦希里语代之，并反过来影响标准斯瓦希里语的使用和推广。

习惯就是一种不断重复的积累,许多语言使用中的错误如果没有被及时改正,那么它们也会变成一种约定俗成的用法。为了避免这种情况发生,所有媒体的编辑都必须花足够的时间来跟踪研究语言发展的变化,同时也要时刻准备好接收来自语言研究机构的意见和建议,以避免将错误的信息传递给大众。

结　语

斯瓦希里语是团结全体坦桑尼亚人和邻国人民的国家语言,能够充分满足各种交流需要。国家斯瓦希里语委员会、达累斯萨拉姆大学的斯瓦希里语研究院(Taasisi ya Taaluma za Kiswahili, TATAKI)和各高校的斯瓦希里语系均肩负着发展斯瓦希里语的责任,应时刻关注斯瓦希里语的使用情况,及时纠正各类错误的语言运用。我国的政策法规应确保斯瓦希里语在国内各类交流活动中处于主导地位。

参 考 文 献

Jamhuri ya Muungano wa Tanzania, 1967, *Sheria ya Baraza la Kiswahili* (Sheria No. 27 ya 1967).

Umoja wa Nchi Huru za Ki-Afrika, OAU, 1976, *Azimio la Utamaduni wa Afrika*, Port Louis.

第十章　发展、文化与全球化

引　言

　　本章旨在展示文化、发展和全球化之间的关系。值得注意的是，在全球化环境下，不考虑文化就不可能实现可持续发展。首先让我们重温国父朱利叶斯·尼雷尔 1967 年 8 月 5 日在达累斯萨拉姆大学发表的演讲。① 在那次演讲中，尼雷尔谈到了文化发展及其受益者的相关问题。他的观点至今仍未过时。他说：

　　　　……我们是坦桑尼亚人，我们希望以坦桑尼亚人的方式获得发展。毫无疑问，我们希望改变我们国家的许多事情。正如我们所说，这些变革终将指向同一个目标。发展必须建立在我们自己的根基上，而不是建立在外来的根基上……也就是说，这些变化应当正如我们所看到的那样基于我们自己的需求，并且朝着当下最有益的方向前进，我们将从人类普遍的经验和他人的知识储备中获得力量，但在此之前，我们必须完全承认我们的非洲性，并相信我们的许多古老遗

---

① 　当时尼雷尔担任坦桑尼亚联合共和国总统一职，同时也是达累斯萨拉姆大学校长。

产将在未来的日子里对我们有益。①

尽管全球化面临诸多挑战,仅仅抱怨黑暗是不够的,相反,我们要寻找光明,哪怕现在只有一点点,而黑暗终究会消失。

发　展

任何发展都意味着人们更好地做事或更有效率地做事,以便获得更好的生活。习俗是指人们做事的传统,发展即是社会习俗的改变。例如,农业发展是指人们农业方式的改变,即改变他们耕种、播种、照料田地的方式,以及他们收割和照料收成的方式。1974 至 1975 年间,政府通过“全力发展农业”宣传活动(Kilimo cha Kufa na Kupona)组织民众群策群力实现农业振兴,成功地在短时间内消除了饥饿。如果能够成功地复制这一经验,那么“农业优先”(Kilimo Kwanza)的目标也必定可以实现。如果人们不改变他们的耕作方式,那么农业就无法实现预期的发展。只有考虑到人民自身的文化,可持续发展才能实现。

文　化

尽管许多国家和国际社会都在努力定义“文化”的概念,以促进世界上不同地区的社会发展,但这一概念尚未被大多数人理解。这就是本书为什么要在第一章中解释它。“文化”的概念一直在被强调,因为直到现在,很多人提到这个概念时还是只会联想到传统部族仪式中的舞蹈。有

---

① J. K. Nyerere, 1968, "Shabaha ni Mwanadamu", pp. 89 - 90. 译者注:加粗部分由作者标注。

些人甚至将传统舞蹈称作"文化舞蹈",意思是舞蹈之外都不是文化。对这些人来说,不是国家传统的东西就不能被称为文化。对于他们中的一些人而言,文化问题已经成为过去,要么是发展的障碍,要么只能作为旅游景点。这类人将文化视为一件外衣,必要时穿上,不需要时脱下。对他们来说,文化不是主要的,当遇到更为重要的事情时,便可弃之一旁。有必要进一步说明文化是存在于个体和社会中的东西。国父朱利叶斯·尼雷尔很早就认识到了文化的真正含义。这就是为什么在坦桑尼亚大陆(当时称为坦噶尼喀)获得独立一年后,他创建了国家文化与青年发展部。在解释创建新部门的原因时,他说:

> 我这样做是因为我相信文化是任何民族的精髓和灵魂。一个国家没有自己的文化,就如同国人没有自己的灵魂。[1]

1962 年他所说的这段话表明了文化在国家中的重要性,二十年后(即 1982 年)在墨西哥城举行的世界文化政策会议上,国际社会再次讨论并清楚地认识到了文化的重要性。如前所述,这次会议指出:文化不仅仅是音乐、舞蹈和诗歌。国际社会清楚地认识到,文化包括生计、人权、道德观、信仰和传统。这些广泛存在于我们的社会中,体现在人们的日常生活中。正是因为意识到文化的意义和重要性,尼雷尔总统指责殖民主义者对坦桑尼亚文化发展的破坏和压制。他说:

> 在殖民主义犯下的所有错误中,没有比试图让我们相信我们没有自己的原始文化更糟糕的了,或者试图让我们相信我们拥有的东西一文不值——这是一件令人羞愧的事,而不是一件值得骄傲的事。

---

[1] 尼雷尔 1962 年 12 月 10 日总统就职演说中的内容,收录于 J. K. Nyerere, 1966,参见本书第二章。

我们中的一些人,尤其是那些接受过白人教育的人,努力向我们的殖民统治者证明我们是文明的,说我们已经放弃了所有旧东西,学着模仿欧洲人的新东西。我们的青年不是想成为受过良好教育的非洲人,而是想成为"欧洲黑人"![1]

我们从殖民主义者那里获得自由已经很多年了,但我们的许多年轻人仍然希望通过他们的着装、他们的艺术、他们的演讲和他们的个性来成为"欧洲黑人"。这种情况表明我们的社会仍然存在缺陷。继续将我们的所有问题归咎于殖民主义是不恰当的。政府一直在采取各种措施加强和发展文化,但这些措施都不够成功,因为有些利益相关者没有意识到文化是民族的灵魂。

民 族 意 志

民族意志通过人民和国家机构的行动与决定,通过语言、艺术、传统和习俗来体现。自获得独立后,我们决定团结一致,与"三大敌人"(愚昧、贫困和疾病)为敌。政党及政府领导人走访全国各地,宣传并解释这一意愿。艺术家们也不落后,不断创作歌曲激励人们与"三大敌人"作斗争。像马孔戈洛长老(Mzee Makongoro)这样的合唱团就是当时的艺术家们积极回应祖国号召的案例。1967 年《阿鲁沙宣言》发布后,雕刻艺术家们开始雕刻以乌贾马(Ujamaa)为主题的面具,格雷戈里(Gregory,卡通形象"Chakubanga"的作者)这样的漫画家们也开始通过漫画来谴责懒惰和游手好闲的行为。与此同时,许多在校园内创作和演唱的歌曲也在谈论这个伟大的决定。舞曲的歌词也在传颂这些内容。通过这些方式,各种

---

[1]　J. K. Nyerere, 1966, p. 186.

文化领域都在表达着我们的民族意志。

通过集合各大组织的共同力量，与"三大敌人"作斗争，斯瓦希里语的使用促进了公民与其领导人之间，以及一个地区与另一个地区的公民之间的交流。公民学会尊重宗教和种族差异，并将它们视为其身份的一部分，而不是我们民族精神的阻碍。民族意志得到理解并被付诸行动。事实上，我们的文化通过家庭养育、学校教育和培训、成人教育、寄宿学校、国民服务队、青年联合会（Umoja wa Chipukizi）、青年团（Umoja wa Vijana）和政治组织的政治教育得到加强和引导。这些努力使我们的国家能够在公民之间建立爱、团结与和平。事实上，这些事情已成为我们国家意志的重要组成部分。

意志的偏离

自从我们获得独立以来，情况发生了很大变化。首先，世界经济体系发生了很大变化，尤其是在"冷战"结束后。坦桑尼亚人口数量增加至原先的三倍多，政治和经济形势发生了巨大变化，提出了新的挑战，需要以新的方法来应对。在这些变化发生的过程中，社会已经出现了背离我们民族意志的迹象，体现在下述这些方面：

- 不同宗教的信徒互相争辩和指责。
- 不同政党的成员互相诽谤和侮辱（而非争论）。
- 游手好闲的现象不断增加，尤其是在年轻人中。
- （毒品、伪劣商品等）非法贸易的出现和猖獗。
- 年轻人模仿国外的风俗和传统，无视坦桑尼亚的道德观。
- （以不偏袒或不推崇某些群体为借口，）我国的教育没有得到应有的重视。

这些现象对我们为建立民族精神作出的巨大努力——民族团结和民族凝聚力——构成了威胁。如果我们想成为一个强大且可持续发展的国家，我们必须采取行动消除这一缺陷。纠正这些现象最需要的一大资源就是正确的教育。

文 化 发 展

文化发展是指在不破坏优良传统、习俗的前提下，激发有利于社会变革的创造力和行为的出现。发展一种文化就是创造一个广阔的社会视野，使人们能够根据个人意志和国家意志思考和行动，同时认识到存在的机遇和挑战。很明显，传统、习俗、关系、道德观和文化认同与各国乃至整个世界面临的许多问题有着非常密切的关系。[1]

坦桑尼亚联合共和国第三任总统本杰明·威廉·姆卡帕（Benjamin William Mkapa）在《坦桑尼亚 2025 年发展愿景》（即《2025 坦桑尼亚国家发展指南》）的前言中说：

> 和平、团结、公民安全及其财产是构建发展环境的重要和必要条件。没有这些条件，这份指南将毫无意义，国家也不会取得进步。[2]

姆卡帕先生所说的完全正确。我们要记住的是，和平不仅仅取决于政治和经济制度。只有承认人权、尊严和自由，和平才能持久并得到众人的支持。这种认知必须发自内心，并使他们的思想和情感有所触动。[3]在

---

① B. Hettne，2003，p.5.

② 节选自《坦桑尼亚 2025 年发展愿景》（The Tanzania Development Vision 2025，即 Dira ya Maendeleo ya Tanzania 2025），1995 年（译者注：此为开始起草的时间。此外，作者在本书撰写中同时参考了斯瓦希里语和英语版的《指南》），第 83 页。

③ UNESCO，1995，p. 73.

和平的地方,父母有责任将这种认知传递给他们的孩子,以便孩子在成长过程中推崇它,并使之成为他们生活的一部分。每一个和平爱好者都有责任尽一切可能构建对人类的关心和尊重。

为了建设一个可持续发展的国家,必须在各种计划和倡议中鼓励文化因素。1995 年颁布的《坦桑尼亚教育政策》特别强调了文化在发展中的重要性,尤其是第 9 条第 4 款和第 5 款。该政策准确地指出,在社会和经济发展中不重视文化和文化道德会导致社会产生冷漠或仇恨情绪。[①]该政策还指出,发展战略必须与社会和文化特征相适应。

1997 年颁布的《坦桑尼亚文化政策》就文化认同进行了如下阐释:

> 坚定的文化认同对于(在任何社会中)建立和发展自信都至关重要。这种认同感存在于文化之中,具有独特的触感,只有当社会中有机构宣扬这一感受时,这种触感才是完整的。[②]

该政策还解释了文化的目标,使文化部门的所有相关人员能够在推进社会文化发展时具备正确的视野。社会文化的目标被描述为:

1. 通过以下方式建立和维护认同感:

- 继承并发展历史、优秀的传统和文化习俗;
- 拥有一种作为文化传承的有效工具的语言;
- 建立个性、自信并尊重他人的个性;
- 承认并尊重本族群同胞的个人权利和其他国家公民的个人权利。

2. 通过以下方式构建并鼓励发展:

---

① Wizara ya Elimu na Utamaduni, Sera ya Elimu na Mafunzo, 1995, p. 83.

② Wizara ya Elimu na Utamaduni, Sera ya Utamaduni, 1997, p. 2.

- 确保和鼓励在合理运用、分享和拥有国家资源方面的平等(和公正);
- 推崇并维护好的行为习惯,谴责吸毒、强奸、游手好闲、懒惰和腐败等不良行为;
- 承认和重视法律是人类生活和发展的基础;
- 认识到教育、培训和创造力是提高生产力和提高所有活动效率的重要工具。

3. 通过以下方式发展良好的道德观、传统和习俗:

- 反对性别歧视;
- 鼓励对尊严、人性和法律的尊重;
- 养成承认、推崇和尊重民族身份的习惯。

4. 通过以下方式推进和发展关系:

- 培养合作、团结、兄弟情谊、爱国、爱和宽容的品格。

这些目标已经得到详尽的解释,如果社会实现了这些目标,那么它将拥有进步的文化。尼雷尔有句老话,"先精神,后武器"(Moyo kabla ya Silaha)。研究人员曾就全球经济问题在《文化至关重要》(Culture Matters)一书中发表相关研究成果。该研究表明,文化是发展战略中需要重点考虑的问题。例如,1960 年代的经济统计数据表明,加纳和韩国就经济数据而言并没有什么不同。这两个国家的国内生产总值相似,都在销售未加工的农产品,且都接受了几乎相同数量的慈善援助。三十年后,韩国已经成为一个工业国家,其经济规模位居世界第十四位;与之相比,加纳变化并不大,国家 GDP 仅有韩国的十五分之一。①亨廷顿(Huntington)在分析中发现,两国之间的这种巨大差异是文化原因造成的。他解释说,韩国人重视以下几点:谨慎消费、投资、努力工作、教育、注重程序和纪律。他说,加纳人的道德观与韩国人的道德观恰恰相反。

哈里森教授越来越强调发展速度与社会文化的密切关系,他在《泛美洲主义迷梦》(*The Pan-American Dream*)一书②中提到了以下十点区分进步文化和落后文化的因素:③

1. 进步文化关心未来,落后文化更关心今天或过去。着眼于明天或未来的人通常更有自驱力,因为他坚信可以通过努力使自己受益。

2. 在进步的文化中,工作是美好生活的基础,但在停滞的文化中,工作是灾难,是折磨。在进步的文化中,日常工作不仅是金钱的来源,还可以带来满足感和尊重。

3. 为自己储蓄和谨慎使用金钱是进步文化中投资(和个人财务安全)的本质,但在落后文化中,为自己储蓄是对社会现状的威胁,(因为财产的非互惠性)涉及社会公平问题。

4. 教育是进步文化发展的基础,但在落后文化中,除了少数人,尤其是领导者外,教育并不被重视。

5. 候选人的良好品质是进步文化中实现职位晋升的基础,但在落后文化中亲属关系更为重要。

6. 进步的文化对一个人的认可和欣赏超越了家庭的界限,属于整个社会。落后文化中对一个人的认可和欣赏则建立在家庭的基础

---

① Samwel P. Huntington and Lawrence E. Harrison, 2000, p. xiii.
② Lawrence E. Harrison, 1998.
③ Samwel P. Huntington and Lawrence E. Harrison, 2000, pp. 299 – 300.

之上。身份圈子狭窄的社区往往充斥着腐败、逃税和在就业方面偏袒亲属的行为。

7. 进步文化社会的公民道德素质更高。所有发达的民主国家（比利时、意大利和韩国除外）都在腐败程度最低的二十五个国家之列。

8. 进步文化主张人人享受正义，且正义优先于法律，但落后文化则认为正义取决于你认识谁以及你愿意付出多少。

9. 在进步文化中，权力掌握在多数人手中，但在落后文化中，权力掌握在少数人手中。

10. 宗教组织在落后文化中对社会生活的影响大于其在进步文化中对社会生活的影响。

　　哈里森教授的阐释与许多其他研究人员的观点非常相似，它让我们坦桑尼亚人有机会衡量自己属于哪个群体。评估表明坦桑尼亚许多社区的传统习俗表现出一定的先进性，但它们被忽视或未被正确认识。此外，从一开始，我们国家的领导层就一直在努力建设先进的文化。每个民族的优势都将被承认并用于建设更加进步的民族文化。坦桑尼亚人民必须加快对坦桑尼亚社会的传统和习俗的研究，以确定并废除那些阻碍发展或违背国家意志的传统和习俗。

　　坦桑尼亚人的民族意志是和平共处和睦邻友好，同时创造更好的生活条件。让我们继续与"三大敌人"作斗争。这场战斗是在《2025坦桑尼亚国家发展指南》中设定的。如果《指南》中提到的内容成为民族文化的一部分，那么我们国家就会走向成功。每个公民，无论男女老幼，都应该了解该《指南》并付诸行动。我们的目标是到2025年坦桑尼亚拥有崇尚节约、消除腐败、重视教育和保护国家资源的民族文化。为了建设进步文化和先进社会，每个公民都必须从思想上、信念上和行动上认同并重视这一愿景。

全 球 化

20 世纪末全球化的概念在各个国家和国际论坛上得到广泛讨论。其中许多论坛就下述话题展开讨论:全球化是什么? 它的优点和缺点是什么? 为了从中受益,我们应该做什么? 坦桑尼亚处于这一讨论的最前沿,因为当时的总统本杰明·威廉·姆卡帕是国际全球化委员会(Tume ya Kimataifa ya Utandawazi)的联合主席。会议谈及许多讨论和建议。委员会的报告受到所有听众的欢迎。

有时,当提到全球化的概念时,我们的思绪会被转移至另一个相距甚远的概念领域,涉及我们不了解且无法控制的领域。这是一个陌生的领域,事物以不熟悉的方式和极快的速度不断演变。全球化神奇地将世界变为一个村庄。上述观点不仅来自那些抱有远大希望的人,同时来自那些害怕和憎恨全球化的人。无论持有什么观点,我们都同意的一件事是全球化已经到来了,我们面临的挑战是如何找到一种方法从中受益而不是被它摧毁。

全球化并非偶然,令人惊讶的是它到来的速度,以及它对贫穷富有大大小小所有国家的影响。我们须知,现如今我们亲眼目睹的全球化与以往的全球化有所不同。以前的全球化源于不同地区的人们为了各自的利益相互了解、相互合作。今天的全球化是西方富裕国家推动的一项具体政治议程。消除贸易壁垒、简化投资程序和输出(转移)资本利润的压力,加快了国际资本剥削贫穷国家的速度。全球化在很大程度上与掠夺我们国家的资源有关。洽洽格(Chachage)教授曾指出,对于像坦桑尼亚这样的发展中国家来说,全球化是个骗局。[1] 他声称这些国家正在被掠夺,而

---

[1] 洽洽格认为,许多被称为贫穷的国家并不是资源匮乏,而是人民贫穷。这就是为什么了解这些国家资源丰富的外国人相继涌向这些国家,通过所谓的投资获得财富的原因。由于资源掠夺的蔓延,这些国家的人民变得越来越贫穷,因为国家机构要么缺乏消除贫困的信念,要么认为投资者正在帮助他们的国家(但实际上投资者却在掠夺与偷窃)。见 Chachage, 2004, p. 3.

不是从这种大而快的通信和吸收经济效益的情况中受益。

通过资本市场发展起来的帝国主义，在许多人日益陷入贫困的深渊之际，让私营领域的少数人积累了空前的财富。这一现象削弱了穷国与富国开展合作的积极性，穷国在富国面前愈发受限。[①]

由于价格低廉的进口产品的大量涌入，许多工厂相继倒闭。此外，工人的就业空间大量减少，所谓"支持竞争，提升效率"，贫困也随之加剧。这种在"大"和"小"之间的竞争游戏缺乏公平的裁判，造福"有"的人，掠夺"没有"的人，哪怕一点点的希望也会因此而丧失。

当引入全球化议程时，我们被要求为竞争做好准备，向外国产品和外国投资者的资本敞开大门，以增加经济中的竞争力和效率。这一议程带来了很多负面结果，包括压制和最终放弃我们宝贵的自然资源。自然工艺因为被低估，正在不断消亡，例如，随着假发的兴起，自然的编发方式正在逐渐消失。垫子和吸管变成了供游客使用的产品，而不是家庭日常生活的必需品。传统房屋的建筑结构也在消失，例如，在拥有豪华别墅的城市中留存茅草屋顶。为了建造更好的房子，采用砖墙和铁皮屋顶取代传统的茅草屋顶，即使茅草屋顶更适宜当地的气候。当地艺术家用美丽的天然木材制作的家居和办公家具正在被抛弃，我们的传统工匠不得不寻找其他工作。此外，音乐和传统歌曲大师、传统乐手和鼓手正在消失，他们的技能没有得到传承。这种情况在文化的各个领域均有体现。我们缺乏足够的时间或合适的地方来讲故事、猜谜语或是聆听社会历史。那些想要接受和发展传统文化的人被全球化带来的负面影响所包围。[②]需要做更多的工作来扭转这一趋势。

全球化的高速进程是科学信息与通信技术快速发展带来的结果。自

①　Jacques Baudot，2001，p. 47.
②　Arie de Ruijter 和 Lieteke van Vucht Tijssen 在他们的书《发展进程中的文化动态》(*Culture Dynamics in Development Processes*)中很好地解释了这一点。

古以来,各地的人们都希望促进交流,然而这一交流的可能性和速度取决于他们拥有的资源。信息和通信技术,包括电视、电话和计算机网络,使一个地方的人能够与另一个地方的人共同探讨正在发生的事情。此外,全世界都可以看到坦桑尼亚正在发生或刚刚发生的事情。毫无疑问,交流愈发普及,人与人之间、不同国家之间的透明度有所提高。事实上,全球化正在将世界上所有国家联合(或合并)为一个由资本家控制的实体。

接受和给予

世界上最富有的国家正在推动世界一体化——即构建一个地球村。他们要求一国人民进出他国不应该有任何限制,资本可以很容易地输入和输出该国;一个国家的事务必须公开,必要时还可以让其他国家检查。全球化希望市场自由,所有国家都依赖市场经济。如果每个人都有能力自由公平地给予和接受,或出售和购买,那么这些在商业中没有边界或限制的想法是好的。现实情况是,许多发展中国家消费了很多本国并不生产的东西,同时种植了许多自己并不使用的作物。因为需要这些产品的国家并不生产此类产品,即使价格不断上涨,它们仍要从发展中国家购买。即使价格下跌,发展中国家仍被迫大量出口农产品,因为没有其他渠道使用它们,例如在工厂进行加工等。

在这个全球化体系中,坦桑尼亚从其他国家接受的比我们对外输送的要多。我们的合作关系并不平等。坦桑尼亚真的能为地球村作出更大的文化贡献吗?答案是肯定的,这意味着,不管种族或国家边界如何(后者甚至在国家获得独立前就已经确立了),我们都需要进一步与他人合作。例如,国父朱利叶斯·尼雷尔于1959年10月22日在坦噶尼喀立法委员会第35届会议上发表讲话:

……我们坦噶尼喀人民，点燃一支蜡烛（mshumaa），①把它放在乞力马扎罗山上，让它照耀到我们的国界之外，为绝望的地方带来希望，在充满仇恨的地方播种爱，为只有蔑视的地方带来尊重。……我们真诚地请求来自英国的，或是各种肤色的邻国的朋友们，不应将坦噶尼喀和我们正在努力做的事情视为一种耻辱，而应将其视为一线希望。与其他国家不同，我们或许不能向月球发射火箭，但我们可以向我们的同胞——无论他们身在何处——发送爱与希望……②

在这次演讲中，尼雷尔谈到了超越种族和意识形态，重视人的尊严和利益的人们普遍认同的价值观。他表达了坦桑尼亚人民与各国人民合作共创美好生活的愿望。国父播下了全球化的种子，告诉大家这是一件好事，哪怕是乞力马扎罗山上的一根蜡烛，哪怕再小，也一定会有所帮助。多年来，坦桑尼亚一直是狂风暴雨中的和平方舟，成为迷失在自己国家的人们的避难所。正如斯瓦希里人所说，"木已成舟"。和平是一种重要的资源，我们不仅为拥有它而自豪，我们还必须保护它，意识到它来自人与人之间对正义、爱和团结的尊重。

尽管如此，除了爱，坦桑尼亚人还应建立稳定的经济，有效运用全球化这一发展机遇。**全球化的世界是一个文化多样性丰富的世界。在这里，不同国家、不同大陆乃至全世界的不同文化相互遇见、相互交流、相互包容。它不是某些文化吞噬或蔑视其他文化的地方。**事实上，在坦桑尼亚，我们的文化中有很多东西可以推广至全世界。例如：

---

①　尽管 1961 年 12 月 9 日（即坦桑尼亚独立日）在乞力马扎罗山上点燃了火炬，但尼雷尔使用了蜡烛（mshumaa）而非火炬（mwenge）一词。他希望坦桑尼亚人建立一个和平相处、彼此相爱、相互尊重并（可以）成为其他国家榜样的社会。

②　J. K. Nyerere, 1966, p. 72.

- 坦桑尼亚的烹饪方法和食物可以销往国内外从而为国家创收。我国许多城市已经开设了埃塞俄比亚、中国、意大利和其他国家/地区美食的餐厅。许多外国人以投资者的身份来到我国推销他们国家的食品。但与此同时,坦桑尼亚人并没有去往其他国家开设餐馆,更为糟糕的是,一些(坦桑尼亚的)本土酒店要么是感到羞耻,要么是不愿意做坦桑尼亚食物。这一问题必须得到改善。我们应当把我们的烹饪方法和食物置于更为广阔的全球化市场之中。

- 如果版权和版税问题处理得当,坦桑尼亚的音乐,包括过去的、现在的和次世代的音乐,都可以为国家带来更多收入。

- 坦桑尼亚的手工艺品也可以销往世界各地。目前,廷噶廷噶画(Tingatinga)在全球市场上价格较高,但遗憾的是,受益最大的并不是坦桑尼亚人,其他国家的商人们从坦桑尼亚本土艺术中获益更多。我们要借助全球化向成功国家学习这方面的经验。

- 坦桑尼亚有七处名胜被联合国教科文组织列入世界遗产名录。这些名胜是世界上公认的具有巨大价值和独特吸引力的地方,分别是乞力马扎罗国家公园、恩戈罗恩戈罗自然保护区、塞伦盖蒂国家公园、桑给巴尔石头城、基尔瓦群岛遗址和松戈马拉遗址、塞卢斯野生动物保护区,以及孔多阿岩画遗址。这些名胜区可以借助全球化这一契机向世界宣传,为我们赢得尊重和大量游客。

- 位于恩戈罗恩戈罗自然保护区的欧莱托勒地区(Olaitore)是发现史前遗迹(原始人)的地方,距今约有 360 万年的历史。这些脚印是世界上独一无二的古迹,证明当时的古人已经可以直立行走。这一遗迹的发现使所有关于人类起源的科学理论发生了变化。然而,仅有少数坦桑尼亚人知道这件事。我们正致力于将这个地方发展成重要的科学中心和旅游景区。

- 斯瓦希里语是我们重要的身份象征，也是珍贵的财富，它应当被传播到世界各地，我们应深感自豪而不是感到羞愧。与其削弱我们自己的国家语言和母语，提升其他语言（如英语、法语和中文）的地位，不如更好地管理本土语言，使其适合我们和所有想要与我们交流的人。如果各个国家和国际组织中都使用这种语言，教师、口译员、笔译员和许多斯瓦希里语出版物的需求将大大提高。出于以上原因，增加斯瓦希里语的使用，特别是在国际领域，可以增加坦桑尼亚人的就业机会。
- 坦桑尼亚争取自由、建设国家、推崇民族主义、带领非洲大陆赢得解放和维护穷人权益的历史对世界其他国家造成了极大影响。2005年，联合国教科文组织支持（包括坦桑尼亚在内的）非洲国家收集和保护非洲大陆解放运动遗产的计划。这是因为坦桑尼亚与许多其他国家的自由战士合作，使自由传遍非洲大陆。认识、保存和发扬这些历史记忆可以提升我们国家的民族自豪感，尤其是借助旅游业渠道增加收入机会。

这些例子表明，坦桑尼亚虽然没有可以投资其他国家的资本，但仍然可以为全球化作出贡献并从中获益。值得高兴的是这并不是一个全新的提议，很多人对此早有认识。问题是如何对文化进行妥善处理。我们文化中蕴含的全球化机遇被他人利用以谋取自身利益，个中缘由十分复杂，这里只讨论以下四种：

- 第一，没有多少公民具备足够的知识来有效地处理这些问题。因此，更多的人需要接受教育和培训。
- 第二，很多坦桑尼亚人畏首畏尾，因为他们不知道本国文化是否会被接受。他们缺乏胆识，而胆识是全球化的重要工具。投资者获得的巨额利润是对敢于投资这一行为的回报。

- 第三,意志薄弱。坦桑尼亚人的薄弱意志不仅体现在日渐冷淡的日常问候中,民众对于自身事物的兴趣也日益降低了。过去我们常说"红红火火"(Mambo Moto),现在我们讲究"平平淡淡"(Mambo Poa),从国外引入的东西发展火热,我们对自身事物的坚定信念和欣赏态度却日趋下降。无论是在旅途中、在家里还是在工作中,我们从四面八方感受到外来文化的冲击。广告海报、报纸、电脑网络、手机、电视和广播——都在宣传和美化外面的世界。我们听外国歌曲,我们接触外国舞蹈、外国节日等等。由于外来文化的不断冲击,我们中的一些人开始相信外国的东西比我们的好。我们的一些价值观和良好的习俗开始受到侵蚀。这种情况的影响是多方面的,佩尼纳·穆拉玛教授(Profesa Penina Mlama)对此进行了详尽阐释。[1]

- 第四,许多人认为推动全球化进程这项工作过于宏大,甚至有些难以置信。事实上,国家受到全球化的影响也会随许多日常活动的开展而变化。旨在提高农村和城市地区生活质量的项目为更多公民带来了从全球化中获益的机会。**尽管在此过程中受益更多的往往是我们的对手,坦桑尼亚人应该尽可能多地参与这一国际进程。**

我们有意愿和其他国家共享我们的财富,只要我们拥有足够坚定的目标,同时具备足够的知识来实现我们的目标。尽管在 1960 年代,加纳和韩国的经济水平相当,但联合国发布的 2012 年国家 GDP 规模排名(参见本书第十四章表 1)表明,2012 年韩国 GDP 规模排名世界第 15 位,加

---

[1] Joseph Semboja, 2002, pp. 119 - 130.

纳仅排世界第 86 位。如果我们诚心实意地管理并发展文化,我们有望在未来 10 年内接近甚至超越韩国。

小　结

正如前文所述,全球化引导我们进入了一个没有政治和贸易壁垒、拥有共同货币体系、依赖市场力量的新世界。能够胜任并从这一体系中获益的国家是那些拥有可持续的文化、致力于建设并维护和平的国家,是那些治理优良、经济稳健、普惠公民的国家。我们必须建立这种发展性的文化,否则等到了 2025 年,坦桑尼亚将无法实现其发展目标:实现更好的生活条件;维护和平、稳定与团结;实现善治;推崇优质教育,使公民热爱学习;建成具备增长性并惠及所有公民的竞争力强大的经济体。

建　议

文化是一种资源,如果得到妥善利用,将使坦桑尼亚受益于全球化带来的发展机遇。对此我提出以下几点建议:

1. 政府要巩固和扩大成人教育规模。许多成年人不了解当前的政治、经济和社会变迁速度究竟有多快,也没有准备好适应新的环境。我们有必要对全球化进行深入的阐释和讨论,这有助于民众了解当前面临的机遇和危害。

2. 人民应全面了解《2025 坦桑尼亚国家发展指南》,意识到自己在落实《指南》过程中所承担的责任。其中包括我们的艺术家,他们应当充分理解《指南》,运用其艺术和实际行动来宣传《指南》。例如,他们不仅要歌唱关于消除贫困的歌曲,还要通过实际行动务力摆脱贫困。

3. 政府要提高教育质量,进行课程改革。我们应当充分细致地教授本国的历史。此外,家庭和学校要充分教授国家道德。"没有树根的树木终将枯萎(Mti usiokuwa na mizizi hukauka)。"我们不应该惊讶于年轻人为何轻视他们的文化和国家道德,试问他们该如何捍卫他们并不了解的东西呢? 与此同时,教育不仅应使毕业生变得有竞争力,还应激发他们独立自主的愿望。崇尚自给自足的社会将是活力迸发并使所有人受益的社会。

4. 国民要学习并精通外语,以便更加高效地与全球化地球村中的其他同伴沟通。然而,这些外语应该用作斯瓦希里语的补充,而不是其替代品。如若我们抛弃斯瓦希里语,将其视作闲聊用语,它就会被其他国家左右,使坦桑尼亚人民不得不"随波逐流"。斯瓦希里语是一种国际化语言,是非洲大陆上使用最为广泛的语言。坦桑尼亚应该积极推动斯瓦希里语成为贸易、科学和技术领域的强有力的语言。我们应该以坚定的姿态骄傲地——而不是怯懦地——使用斯瓦希里语。

5. 我们应拒绝那些认为我们没有文化财富的谣言和误导性言论。我们要积极发扬本土文化习俗,尊重并关爱老人,推崇性别平等,让年轻人参与决策,抛弃那些有可能阻碍《2025坦桑尼亚国家发展指南》的文化和陈规陋习。此外,每个坦桑尼亚人都应该了解、捍卫并传承国徽和国旗所代表的价值观。

6. 我们要反对在盛大庆典中涌现出的(崇尚挥霍私人和公共财富的)新兴文化和不良习俗。我们应该杜绝铺张浪费,将资产用于投资更加美好和可持续的生活。例如,与其让公民在吃喝上花费大量金钱,不如将这些资金投资于教育、股票、土地等。与其让政府在购买豪华汽车和家具上花费大量资金,不如将这些资金投资于教育、卫生和交通基础设施。

结　语

尽管我们在发展本土文化方面已经取得了一些进展，但我们仍然面临着许多挑战。我们已认识到，由于交通和信息技术的迅猛发展，国与国之间的大规模频繁互动已经削弱了世界各文化之间的边界。为了让坦桑尼亚人从其他文化中获益，而不是在原有的基础上愈发落后，我们必须投资重视国本的教育。缺乏道德的教育、缺乏社会引导的教育、缺乏关切国家意志的教育，都不能使我们在不丧失我们的自我认同和民主自由的前提下，选择并获得我们所需的东西。我们必须谨慎地利用全球化的崭新机遇，坚定地选择我们想要的东西。

全球化的世界不要求我们同过去一样生活，而是要求我们提前规划，以使明天的生活更加高效。坦桑尼亚人必须确保我们以具有发展性的身份参与国际社会，而不是作为"贫穷国家"或"依赖型国家"。人类发展必须聚焦自身文化，而不是模仿他人的模式。家长、教师、科学家、艺术家、记者、政治家、宗教领袖和所有公民都必须明白，建设文化的重要工具不仅仅是艺术，还包括我们的信仰和生活观念。教育将持续成为让坦桑尼亚人敢于竞争并在全球化进程中获胜的工具。文化的发展包括建立一种情感和观念，使国家更加卓越，实现可持续发展。

参 考 文 献

Baudot, Jacques ed., 2001, *Building a World Community：Globalisation and the Common Good*, Seattle：University of Washington Press.

Chachage, Chachage S. L., 2004, "Kiswahili Katika Muktadha wa Utandawazi", *Kiswahili na Utandawazi*, BAKITA, pp. 1 - 41.

Harrison, Lawrence E. , 1998, *The Pan - American Dream: Do Latin America's Cultural Values Discourage True Partnership with the United States and Canada ?*, London: Routledge.

Hettne, B. , 2003, *Culture, Security and Sustainable Development*, The Bank of Sweden Tercentenary Foundation.

Huntington, Samwel P. and Lawrence E. Harrison eds. , 2000, "Cultures Count", preface of *Culture Matters: How Values Shape Human Progress*, New York: Basic Books.

Jamhuri ya Muungano wa Tanzania, 1995, Sera ya Elimu na Mafunzo, Wizara ya Elimu na Utamaduni.

Jamhuri ya Muungano wa Tanzania, 1997, Sera ya Utamaduni, Wizara ya Elimu na Utamaduni.

Jamhuri ya Muungano wa Tanzania, 1999, Dira ya Maendeleo ya Tanzania 2025, Tume ya Mipango.

Mlama, R. , 2002, "Local Perspectives on Globalization: The Cultural Domain", Joseph Semboja, J. Mwapachu and E. Jansen eds. , *Local Perspectives on Globalization: The African Case*, Dar es Salaam: Mkuki na Nyota Publishers, pp. 119 - 130.

Nyerere, J. K. , 1966, *Uburu na Umoja (Freedom and Unity)*, Dar es Salaam: Oxford University Press, "A Candle on Kilimanjaro" (1959) , p. 72; "Presidents Inaugural Address" (1962) , pp. 176 - 187.

Nyerere, J. K. , 1968, *Ujamaa*, Dar es Salaam: Oxford University Press.

Ruijter, Arie de and Lieteke van Vucht Tijssen, 1995, *Culture Dynamics in Development Processes*, Paris: UNESCO.

UNESCO, 1995, *Our Creative Diversity*, Paris.

第十一章　影视剧中的道德规范

引　言

　　本章旨在解释影视剧中的道德议题。本章出于维护国家道德规范，特别是与儿童教育相关的内容之目的，对影视剧的拍摄筹备和展映工作作了进一步的解释。如果儿童无法得到保护，那么他们就会习惯那些内容不适宜的影视剧，当他们长大后就很难改正从中学到的恶习。影视剧是一种向公众传递信息的重要渠道。它们的意图既可以只是单纯的娱乐，也可以是教化民俗、对社会进行道德规训等等。我们每个人都可以问问自己，当下国内的影视剧对我们国家的道德规范究竟有多大的负面影响。

道德的缺位

　　影视剧中，受到道德谴责最多的往往是演员不恰当的穿着、语言运用、行为动作和它们传递出的信息。影视剧演员经常被人批评不尊重观众。例如，部分面向全年龄段观众上映的电影中就有对于儿童来说不合适的粗口、暴力、斗殴甚至是谋杀的情节。另外，性爱等隐私的镜头不适合展示给儿童,有时也包括成年人。显而易见的是,部分影视剧的主题决定了导演、制片人和演员使用特定的语言、场景、服饰等来呈现应有的效果。这些影视剧的受众自然不会是全体大众。比如,将含有青少年成年礼镜头的影视剧在有各个年龄段的人参加的公开会议上放映就是一种失礼的事。

电影和戏剧旨在向观众传递某种信息。正如前文所言,这些信息也可能是负面的。此外,影视剧所传递信息的受众和实际的观看者可能也不对应。很可惜,我目前尚未厘清制作有伤风化的影视剧的制作人中,出于不可抗力原因的究竟有多少人,不过这个比例应该很小。许多影视剧中依然充满无休止的暴力、凌辱、劫夺等元素。这一类型的影视剧对国家道德而言是一种威胁。

道德规范保护法

为了降低影视作品对我国道德规范造成的潜在风险,坦桑尼亚联合共和国议会于 1976 年制定了《电影和戏剧法》(Sheria ya Filamu na Michezo ya Kuigiza)。以这部法律为起点,旨在维护国家道德规范的影视剧审查委员会(Bodi ya Ukaguzi wa Filamu na Michezo ya Kuigiza)也应运而生,它的职责包括:

- 在影视剧上映前对其内容进行督导。
- 核准未违反国家道德规范的国内影视剧开展筹备工作。

除 1976 年的这部法律外,坦桑尼亚政府在其政策中明确表示,影视剧的筹备和上映工作必须处于监管之下。这些官方指导意见旨在保护观众,特别是儿童免受与社会道德风气相悖之内容的影响。以下提到的两份政策文件就是其代表:《儿童发展政策》(Sera ya Maendeleo ya Mtoto，1996 年)、《坦桑尼亚文化政策》(Sera ya Utamaduni，1997 年)。

1996 年出台的《儿童发展政策》对儿童和与儿童未来发展相关的全体影视剧行业从业者作出了以下要求:

- 第 2 条

……儿童指任何未满十八周岁的公民……

第四章

儿童发展关乎其身体、智力、道德和心灵的发育……儿童应得到保护、引导以及对社会基本公序良俗的教育……

- 第 65 条

儿童的发展会受到带有歧视、侮辱儿童倾向的风俗习惯影响……同时儿童自身也会因为缺少正确的引导和规范而模仿外界的恶习……

- 第 23 条

出于查漏补缺之目的……以下事项必须得到落实(包括研究学习既有法律并制定其他关注以下事项之法律)……

vii. 确保儿童不会接受到落后或有伤风化的信息……

x. 教化并引导社会摒弃落后的习俗……

- 第 19 条

为儿童提供正确引导,确保其成长为良好公民……教化并引导社会,确保儿童继承良善的风俗习惯……

- 第 81 条

非政府背景的自然人、组织机构须确保所有与儿童相关的事务都不得违反我国的风俗人情或出于个人私利。

1997 年颁布的《坦桑尼亚文化政策》中关于道德规范问题的内容如

下文所示：

- **第 1.2 条**

……全社会要摒弃陋习，确保其无法传播并累积成习俗。此外社会要弘扬和保护好的习俗习惯……任何对承认和巩固良好习俗，打击不良习气有帮助的手段对于实现文化自强这一目标都至关重要。

- **第 6.1 条**

休闲娱乐的种类和方式要注重巩固道德规范，调动工作、教育积极性，增加国民收入，强身健体和凝聚社会团结。

- **第 6.1.1 条**

电台、报纸、电视等媒体将推动道德、风俗和文化进步。

- **第 6.1.2 条**

电视台和广播电台在播送内容时要关注道德、风俗习惯的规范。

- **第 6.1.6 条**

政府将确保娱乐业秉承国家道德规范行事。

其他国家／地区的经验

影视剧产生负面影响并不是坦桑尼亚人独有的困局。全世界范围内，无论是发达国家还是发展中国家，人们都对这类文化产品可能对儿童和青少年造成的影响感到担忧。因此世界各国都针对影视剧制定了相关法律法规以规范这一行业。为了更清楚地证明这一点，以下节选引用了部分国家/地区的相关法律条文供读者参考：

- **《南非电影出版法》**

……儿童应得到保护……每个人都有权拒绝被迫观看使其感到不适

的内容。

- **《中国香港传媒法》**

儿童节目时段……必须经过严格审核,重点在血腥暴力画面相关条款……任何不适宜儿童观看的内容都不可在下午 4 点到晚上 7 点半之间播送。成人时间段则可以播送以上内容……通讯事务管理局将致力于确保儿童能得到全方位保护,不会在成人时间段收看……针对儿童消费者的商业广告将置于特殊监管之下……

- **《葡萄牙媒体监管法案》**

……含有影响青少年成长,其他惊恐或反感的暴力或血腥内容,或煽动他人实施暴力行为的内容必须在……晚上 10 点以后方可转播。

- **《冰岛电影审查法》**

……主要目标为评估电影和视频以便按年龄对其内容进行分级,小于 16 岁的儿童和青少年将无法观看含有不适宜内容的电影。

- **《德国电影审查法》**

……其职责是评估电影和视频可能会对儿童与青少年造成的影响,并以年龄为界对影像制品进行分级。……面向儿童和青少年的影像制品在正式上映前必须由审查委员会进行审核。……有害儿童和青少年身心健康的影像制品不会被授权公映。

- **《瑞典电影审查法》**

……含有煽动血腥暴力内容的电影或电影片段将无法获得上映许可。如电影含有有害儿童身心健康之内容,15 岁以下的儿童将被禁止观看……

- **《法国电影审查法》**

……含有性爱和煽动他人实施暴力行为的内容的电影属于分级 X (此类影片禁止 18 岁以下儿童观看),只有持特殊营业执照的影院场所才可放映……

以上所有政策法规的目的都是维护各地的道德规范，特别是对儿童教育而言。将儿童无法辨别善恶好坏的内容向他们展示或告知无异于荼毒其心灵。成年人也应受到保护，免于被动接受或观看令人不适的内容。成人内容不宜向儿童传播，隐私内容也不宜向公众传播。我们最好明确这一点：任何内容都有其特定的受众、时间段和传播环境。

电视的到来

电视的到来改变了坦桑尼亚人观看电影和戏剧的方式。过去影视剧爱好者必须亲自前往剧院等专门的场所观看演出，那些无法亲自到场的人就不能享受到这些剧作。电视使这些人即便足不出户也能欣赏影视剧。人们在电视上看到怎样的影视剧取决于运营商为观众提供何种内容。很多时候观众并不会被提前告知接下来要播送什么。因此，电视平台的运营商就是建构和保护国家道德规范的另一重要成员，而这一点在1976年颁布的《电影和戏剧法》中并没有被提及。

另一需要谨慎应对的场所则是制作音乐录影带或音乐视频的摄影棚与录音棚。这些视频很难被归类为电影。基本上，这些视频和电影类似（都有动态的图像），因此在拍摄和放映时也需要得到监管。许多音乐视频中的艺人，特别是女性艺人往往衣着暴露（几乎全裸），视频中许多艺人的语言运用也并不规范文雅。目前尚未有细致的监管条例，保护国民特别是儿童免遭这些在电视上广为流传的音像作品的影响。

应采取的措施

为了树立、保护坦桑尼亚的道德规范，有许多值得被采纳的措施和手段，以下是笔者提出的建议：

- 有关部门要重视、监督涉及电影和戏剧的政策法案,对没有切实落实的内容进行监管。
- 所有影视剧行业的相关从业者都要确保他们传播和放映的内容不违反我国的道德规范。放映活动要着眼于消弭社会冲突,弘扬社会正气。
- 艺术和其他文化类型要服务于建设和维护国家道德规范之目的。这意味着艺术家本身和其他文化行业的从业者必须重视道德规范,树立榜样效应。
- 媒体要挖掘、传播国家道德规范,尤其要以图像、影像和影视剧的形式巩固道德规范。
- 电影和戏剧审查委员会要与传媒委员会合作,确保影视剧放映活动的重心放在维护道德规范标准上。
- 我们要培养国内的优质影视剧制作力量,以满足坦桑尼亚国民的观影需求和期盼。

结　语

电影和戏剧都是构建和维护国家道德规范的重要元素,但如果没有得到应有的监管和引导,它们也会转变为摧毁道德规范的武器。以儿童为代表的低年龄段国民在看到影视剧中的场景后,往往会"信以为真"并进行模仿,因为他们觉得荧幕里的事物就是真的。各方应精诚合作,梳理研究既有政策法规,制定合理的规章制度,确保影视剧的制作方和放映方能够为国家作贡献。这样做的目的是使剧院和媒体平台上映的所有内容都能继续在不危及道德规范的前提下实现盈利。影视剧的演员和制作方是其一,这些音像作品的传播方和放映方是其二,二者在工作的过程中都要努力推动国家发展,将我国建设成为一个珍视和平、友爱、爱国、尊重人权、独立自主的国家。

参 考 文 献

Jamhuri ya Muungano wa Tanzania，1976，Sheria ya Filamu na Michezo ya Kuigiza.

Jamhuri ya Muungano wa Tanzania，1996，Sera ya Maendeleo ya Mtoto，Wizara ya Maendeleo ya Jamii，Jinsia，na Watoto.

Jamhuri ya Muungano wa Tanzania，1997，Sera ya Utamaduni，Wizara ya Elimu na Utamaduni.

第十二章　艺术家与童工

引　言

本章介绍了童工的含义以及艺术家们能如何就废除这种就业形式起到帮助。2004年2月，坦桑尼亚大陆的11个县参与了废除童工的运动。该运动的组织者在艺术家们的帮助下完成了此项工作。考虑到坦桑尼亚幅员辽阔，本次活动所涉地区较少，但出于对问题的严重性和顽固性的考量，这项活动是一个良好的开端。组织者表示，他们注意到在小范围内启动该项目十分必要，这样未来才能进一步扩大规模前积攒经验，收获成功。组织者认为如果能在拥有大量人口的地区如伊拉拉（Ilala）、基农多尼（Kinondoni）和特梅克（Temeke，位于达累斯萨拉姆市）取得成功，他们将获得足够的经验来应对其他地区的童工问题。

童　工

童工是指让儿童从事与其年龄不符的艰苦工作或危险工作。例如，雇佣年幼的孩子挖沙、进入包括矿山在内的深洞、碾碎石头以制作砂石、为大型茶叶和烟草农场工作等。更有甚者，有传言称儿童被雇佣在妓院工作,遭受强奸和性侵。人们对以上情况产生的原因众说纷纭,部分人认为这种就业形式源于儿童父母的贫困。

这种就业形式**对于儿童而言是一种暴行**。雇佣儿童的人明白这些工作是残酷的,因此他们不会让自己的孩子参与其中。

这些被雇佣的儿童除了获得微薄的报酬和日复一日面对危险外,还丧失了许多基本权利。例如,他们中的许多人:

- 无法接受教育。
- 无法与同龄人玩耍。
- 无法获得可以使他们成为良好公民的家庭教育或父母教育。

我们都应该认识到,**儿童是我们国家的重要组成部分**,日后他们也将为人父母,成为国家的主人。与此同时,我们要意识到被雇佣从事危险工作的儿童也是坦桑尼亚的公民,与其他公民别无二致。如果这些儿童没有获得适当的教育和培养,他们将如何了解自己国家的道德价值观?我们必须明白,这些被雇佣的儿童对自己的生活没有决定权和基本人权。他们是一群在某种形式上被奴役的群体。2004年被联合国宣布为庆祝废除奴隶贸易的国际年。庆祝活动的目的是提醒社会各界奴隶制的不良影响,确保我们与各种形式的奴隶制进行斗争。如果各成员国不认真辨别和消除各种危及生命或人性的恶劣的就业或雇佣形式,那么这种国际运动就毫无意义。

艺术家的回应

2004年在坦桑尼亚消除童工的运动中,组织者决定与艺术家们合作而不是单纯通过报纸或广播方式开展宣传。此外,该运动使艺术家们有机会评估自己是否对未成年人进行剥削。因为如果宣传队讲述的内容与他们的实际行动不符,宣传本身将毫无助益。换言之,活动期间或活动结束后,艺术家们应当拒绝雇佣未成年人从事有害未成年人身心健康的艺术工作。例如:

- 以各种借口让未成年人在舞蹈或其他表演项目中日夜不停地演出。
- 婚庆艺术家让未成年人担任伴郎或伴娘直至深夜,有时甚至是在饮酒场所活动。

艺术家们应当理解矛盾的本质并借助艺术来解决矛盾。这项运动就如同一块磨刀石,旨在提升艺术家们的敏锐性,使他们能够为消除童工问题提供帮助。所有艺术领域的艺术家都可以运用艺术来解决各种问题,然而,只有当他们充分了解问题本身时,才能有效地去解决这些问题。希望参与2004年和今后此类运动的艺术家们能够运用艺术来对抗童工问题。

艺术与媒体一样,是一种非常重要且强大的工具,可以为社会提供**娱乐、教育、批评和批判**。艺术家们有责任向社会传达童工的负面影响,他们应该谴责并批评那些雇佣儿童从事危险工作的人。同时,他们也应该赞扬那些行事得当的人。诗人、广播播音员和电视演员、各类舞台剧演员、合唱团歌手、歌舞创作家、对唱诗创作者和民族舞表演者,他们应该共同关注以下四类相关群体,即:

- 包括父母和宗教领袖在内的社会群体。
- 政府和司法机构。
- 雇主。
- 儿童本身。

社会应该认识到非法雇佣对儿童的负面影响,并采取适当的措施,包括谴责雇主并要求他们改正错误。政府和司法机构应该在发现童工问题后迅速采取适当措施。此外,儿童自身在对抗非法务工带来的折磨和凌辱中也发挥着作用。这就是为什么人们相信精心创作的艺术作品可以教导那些还没有卷入危险工作的儿童,使之避免参与其中。

在反对童工的问题上,艺术家应该在全国范围内发挥他们的作用,以证明艺术在国家发展中的重要性。艺术家应该在艺术方面发挥自己的才能,以便:

- 不仅要让雇主们感到羞愧,还要让他们付出代价。
- 让受雇佣儿童的父母意识到他们的责任和养育孩子的重要性,使儿童摆脱非法雇佣的束缚。
- 呼吁社会和国家机构加大力度,反对童工,充分认识并维护儿童的基本权利。

坦桑尼亚有很多艺术家,如果我们想获得优秀的艺术作品,我们必须加大对艺术工作的支持和投资力度。在此我将重申先人的智慧:若你能看到船只浮起,就说明它已经建成,顺其自然即可。因此,政府、公司和各种机构应该帮助艺术家有效地开展工作。此外,艺术家们应该确保制作优质的艺术作品,这样那些欣赏到它们的人会寻求优质的就业机会,而不至于成为被利用的对象。

结 语

儿童权利是全社会公认的,在国家政策和法律中也得到阐述,但并未获得充分重视。我们国家未来的命运将取决于我们如何教育孩子。坦桑尼亚人应该团结起来对抗儿童劳工问题，因为儿童参与工作十分危险，对儿童本身和国家建设而言均无益处。艺术家有机会、有责任将艺术作为一种强大的文化工具来批判社会上的不良现象并推动社会发展。

第十三章 非法贩运文化财产

引 言

文化财产指的是社会群体中的成员生产和创造的产物。这些财产包括日常家具、雕塑雕像、权杖、传统武器、服饰和装饰品、传统农业制品、厨房用具（土锅、土罐等）、宗教仪式和公共集会使用的礼器等等。在坦桑尼亚，此类文化财产常被贩运到缺乏专门保护的地方，因为人们常把这些东西误以为是寻常物件，而那些本应保护文化财产的人也没有依法依规尽到自己的职责。其中一些文化财产甚至被非法运至国外。这样的贩卖活动就被称为非法贩运文化财产。鉴于我国的文化遗产以及合法文化贩运收入深受其害，本章重点关注国内外如何应对这一问题，并就解决方案提出建议。

非 法 贩 运

非法贩运文化财产问题常与两类人有关。**第一类**是那些出于短视或其他原因，将传统用具统统抛弃，并以此自诩进步或文明的人。这一类人将那些从先祖手中继承的东西毫不迟疑地舍弃，因为他们看不到其中的价值，或者认为继续传承和保护这些东西是一种落后的象征。其中一部分人在一旁煽风点火，以学习和教育的名义摧毁文化财产。其他人有的将文化财产当作礼物送给别人，少数贪婪的人则把它们贱卖出去，这一类人中甚至还有那些纵容文物贩子非法越境进行贩卖的公职人员。

在我国海关部门中，有部分公职人员对文物贩子态度暧昧，特别是那些将坦桑尼亚的文化遗产掳走的欧美人。坦桑尼亚人必须亡羊补牢，因为正是这种漫不经心的无知态度使辛延加（Shinyanga）人将他们平时用来玩斯瓦希里棋（mchezo wa Bao）的钻石棋子赠予了威廉姆森博士（Dr. Williamson）。他们此前不知道这些棋子其实价值连城。这个狡猾的外国人甚至都没有玩一下棋就带走了当地人的棋子，并因此富甲一方，而辛延加人依旧穷困潦倒。

第二类人则是那些狡猾的文物掮客，他们四处游走，收集那些待出售的文物，有时甚至努力说服物主出售自己的文物。这些人已经把控住成熟的市场，并且掌握了安全的销售渠道。这一类人中既有坦桑尼亚人，也有其他国家的人。阻止这类"行家"最好的办法就是相关政府部门的工作人员能对于第一类人，也就是文化遗产的继承者，加强法律监管、文物保护和国家安全等方面的教育。

国际社会的努力

见识到非法贩运文化财产问题的严重性之后，联合国教科文组织于1970年颁布了《关于采取措施禁止并防止文化财产非法进出口和所有权非法转让公约》。坦桑尼亚于1977年8月2日签署了该公约。十六年后，坦桑尼亚于1993年在阿鲁沙举行了应对非法贩运文化财产问题的国际研讨会。本次研讨会由联合国教科文组织、国际博物馆协会和南部非洲博物馆联盟发展协会联合举办。尽管这次研讨会在我国举行，但是非法贩运文物却屡禁不止。很明显,公约本身的宗旨以及其中提出的各种禁止非法贩运文化财产的举措并没有得到切实的落实。那些本应践行研讨会和 1970 年公约所作出的决策的各执行方并没有参与其中,因此本次研讨会并没有在坦桑尼亚境内引起太大反响。遗憾的是,在签订 1970 年公约后,截至 2004 年,坦桑尼亚始终都没能再举办任何有关非法贩运文化财产问题的研讨会。

国 内 战 略

坦桑尼亚境内目前仍然存在非法贩运文化财产的问题。为了解决这一问题,各方要携手合作,勠力同心。其中,作为文化财产继承者的国民要懂得保护国家文化遗产的重要性,不要在任何人的引诱和劝说下放弃这些文化财产。我们必须对国民,特别是对文化财产的继承者和相关政府工作人员普及文化遗产教育,帮助他们树立正确的观念。如果能在各级政府机关开展关于保护文化遗产的教育专题活动那将再好不过。比如人们可以在政府内举行研讨会,就如何推进落实国际公约和我国相关法律进行讨论并制定相应的战略。如果海关官员、移民局官员、警察和文化官员能够就这一问题达成共识,并对下辖的公务员群体展开集中教育,那么那些狡猾的文化掮客们将不再有空子可钻。各利益相关方必须相互沟通协作,分享经验和资源,增进对各单位法律法规的理解,共同就各项问题作出必要的解释和引导。此类合作无疑将为打击非法贩运文化财产工作打下坚实的基础。同时,笔者还有以下建议:

• 政府应对不可非法贩运至国外或引进国内的文化财产制定明确的认证标准,相关标准应通过立法的形式进行公示。

• 政府应通过可靠的途径对坦桑尼亚公民进行教育,帮助他们认识到保护文化遗产的重要性。

- 有关部门应颁布《国家文化财产名录》,名录中的所有财产都不应被非法运至国外。

- 要对现存的法律,特别是《国家博物馆法》《文物法》《国家艺术理事会法》进行全面梳理,筛查是否有需要修订的地方,落实并对文化财产保护工作进行全面监管。

- 以执法机构为主的各相关方要健全沟通机制,增加沟通频率。

- 政府要为文物局、国家博物馆协会、国家艺术理事会提供财政拨款,使他们有能力按照相关要求和标准收集、保护文化财产。

- 要鼓励各省、区政府机关自觉承担收集和保护辖区内文化财产的责任,明确此项工作也是其重要职责。这是因为文化财产散落在各区的居民手中。区议会已开始着手在辖区内设立文物纪念馆。各区文物纪念馆的建设工作和文化财产的收集与保护工作最好依次展开。

结　语

如果我们现在不保护我们的文化遗产,那么将来有一天我们就只能到国外的博物馆里去看陈列着的坦桑尼亚文化财产。古人云:"千里之堤,溃于蚁穴。"①抛开一路上的高昂旅费不谈,我们还要为参观这些场所支付更多的费用。笔者再次强调,我们现在要竭尽全力保护我们的文化财产,避免坦桑尼亚人在未来沦落到如此境地。

---

① 译者注:此句原为斯瓦希里语谚语"Usipoziba ufa utajenga ukuta",意为"小缝不补,筑墙一堵"。

第十四章 文化与贫困

引 言

贫困已经成为我们坦桑尼亚文化的一部分。在日常谈话中,你会听到人们说"坦桑尼亚是一个贫穷的国家",如果提到生活在这里的人民则更是如此,你会被告知"他们穷得叮当响"。"贫困"的概念如同水蛭一样扎根在坦桑尼亚人的对话中。这并不是一种好现象,因为坦桑尼亚文化的内核应该是可持续发展而不是贫困。不幸的是,"贫困"这个概念已经成为坦桑尼亚人身份认同的重要部分。许多人意识到自己收入低下、生活困苦,但更糟糕的是,他们相信只有通过外部援助才能摆脱这种困境。这种情况持续折磨着民众,并使他们在各个层面上变得过于依赖他人。我将在本章努力展示我们坦桑尼亚人拥有的巨大财富,尽管我们未能有效地运用它来改善我们的生活。与此同时,我将通过案例对已然成为坦桑尼亚文化的一些有待纠正的现象加以说明,以使我们脱贫致富。

贫困和富有的标准

土地和人民是社会文化的两大支柱。如果两大支柱稳固,社会就会愈发强大；如果两大支柱薄弱，社会就会愈发脆弱。土地支柱的稳固程度取决于土地面积以及土地上的资源数量和资源类型。人民支柱取决于人口数量和民众素质，包括他们的健康状况、受教育水平、团结精神、人民的意愿和决策的自由。

衡量国家贫富的标准有很多，但为了了解"人民支柱"的真实状况，我将考虑以下两个标准：（一）国内生产总值和人均收入，以及（二）社会服务的供给和质量。我将使用这两个标准来比较坦桑尼亚和其他国家，以了解我们在财富或贫困水平上处于何种位置。

人 口 状 况

根据 2012 年的人口普查数据，坦桑尼亚共有 44,928,923 人（男性 21,869,990 人，女性 23,058,933 人）。城市居民为 12,701,238 人，其中有 85,616 人（约占城市总人口的 0.67%）年龄超过 80 岁。农村居民为 30,923,116 人，其中有 380,062 人（约占农村总人口的 1.20%）年龄超过 80 岁。与城市相比，农村地区年龄超过 80 岁的人口比例更高。此外，这些数据显示，与农村地区相比，居住在城市的人口比例不断增加。2002 年，农村人口占总人口的比例为 80%，而 2012 年已降至 68.8%。这种情况产生的原因是人们向城市迁移，或一些村庄逐渐发展成为小城镇。此外，由于城市提供的社会服务规模不断扩大，这对于人们尤其是年轻人具有很大的吸引力，因此他们选择迁往城市。

◉ 国内生产总值

国内生产总值是一个国家在一年内以市场价格估算的所出售商品和服务的总和。这是用于衡量一个国家经济和财富状况的主要指标。经济学家通过该指标比较不同国家之间的经济情况，但它取决于测量者身份，以及如何测量和获得有关产品和服务的数据。

2012 年,坦桑尼亚的国内生产总值为 29,293,657,796 美元(以全球货币市场官方汇率折算)。根据国内生产总值的规模,坦桑尼亚位列全世界第 90 名到第 100 名之间,如表 1 所示。该表显示了部分国家的经济规模和国内生产总值的排名情况。其中韩国位列第 15 位,与坦桑尼亚或加纳相比,韩国的排名要高得多。在 1960 年左右,韩国的经济水平与加纳和坦桑尼亚大致相当,但如表 1 所示,现如今这几个国家间的经济水平差别很大。

表 1　2012 年部分国家 GDP 规模排名

国　家	测评机构			国内生产总值(单位:百万美元)
	联合国	世界银行	美国中央情报局(CIA)	
美　国	1	1	1	15,680,000
中　国	2	2	2	8,227,000
韩　国	15	15	15	1,156,000
南　非	29	28	29	384,300
加　纳	86	84	87	38,940
肯尼亚	87	86	86	41,120
坦桑尼亚	95	93	94	28,249
刚果(布)	108	108	111	17,700
卢旺达	144	141	144	7,223
布隆迪	164	161	163	2,475
测评国家总数	193	190	193	

数据来源:维基百科

然而,值得注意的是,这个指标仅仅是一个总体指标,它无法反映人们的实际生活状况,如基本需求的成本、财富分配等。这就是为什么在 1968 年,罗伯特·肯尼迪①说国内生产总值衡量了一切,但却忽视了真正

———————————

① 罗伯特·肯尼迪时任美国司法部长,是总统约翰·肯尼迪的弟弟。

能为生活带来益处的事情。例如,2014 年 4 月中旬公布的数据中显示尼日利亚超过南非成为非洲最富有的国家,然而与此同时,数据显示尼日利亚有 70% 的人口生活在贫困之中!

　　国内生产总值按人口分配后,排名就会发生变化。例如,将 2012 年坦桑尼亚的国内生产总值按人口分配(以全球货币市场官方汇率为基准),[1]坦桑尼亚在排名表中从中间位置下滑到接近末尾的位置,如表 2 所示。

表 2　坦桑尼亚人均 GDP 世界排名[2]

数据来源	坦桑尼亚排名	国家总数
美国中央情报局(CIA)	170	195
世界银行	157	180
国际货币基金组织	161	187

数据来源:维基百科[3]

　　表中国内生产总值平均值的情况并不理想,因为三个测评体系中坦桑尼亚的平均排名接近倒数第 26 位,在被测评国家中接近末尾。在这里需要注意的是,当我们讨论经济规模时,我们还应该考虑到当前需要经济来服务的人口数量以及生活成本。一个国家可能拥有巨大的国内生产总值,但如果生活成本高昂,那么即使在分配上是公平的,公民也很难满足自己的需求,比如此前提到的尼日利亚的情况。

⊙ 社会服务的获取和质量

　　人均国内生产总值只是一个用于国家之间相互比较的计算指标,但它并不能充分说明社会的实际状况,如刚需成本、财富分配等。联合国的

---

　　① 国内生产总值(GDP)的人均值(PPP,购买力平价)。译者注:购买力平价(Purchase Power Parity,PPP)是一种常用的宏观经济分析指标,用于比较国家间的经济生产率和生活水平。

　　② 如前所述,不同国家在名单中的排序取决于制作该名单的统计数据的获取方式。尽管坦桑尼亚在每个类别中的排名不同,但列表显示出相近的趋势。

　　③ 按人均 GDP(购买力平价)排列的国家名单。

贫困指数包括三个方面:长寿指数——以公民的寿命均值作为衡量指标;受教育指数——以公民的平均受教育年数作为衡量指标;优质生活指数——以公民的平均收入作为衡量指标。指数越高,贫困程度越小。寿命更长、受教育程度更高、拥有更优质生活的人比享有有限机会的人更为富有。

如果国内生产总值的分配制度并不遵从公平分配的准则,那么这个国家可能会出现少数人拥有过多财富而大多数人生活极度贫困的情况,这在世界上许多国家普遍存在。例如,美国是全球第一大经济体,中国次之,但是从社会发达程度来看,这两个国家都不属于社会发展最先进的10个国家之列。衡量社会发展先进程度的标准包括:

- 人民的基本需求是否得到满足。

- 人民是否获得优质生活基础。

- 人民是否获得机遇。

参照这个标准,下述 20 个国家位居前列,按照质量排序分别是:

1. 新西兰	11. 奥地利
2. 瑞士	12. 德国
3. 冰岛	13. 英国
4. 荷兰	14. 日本
5. 挪威	15. 爱尔兰
6. 瑞典	16. 美国
7. 加拿大	17. 比利时
8. 芬兰	18. 斯洛文尼亚
9. 丹麦	19. 爱沙尼亚
10. 澳大利亚	20. 法国

从国内生产总值来看,领先的经济体并不在社会发展最先进的 10 个

国家之列。例如,美国的人均国民收入位居世界第 2,但发展先进程度排名第 16。这是因为该国在以下方面存在一些缺陷,如人身安全、生态系统、包容度与参与度等等。因此,经济规模与生活质量或社会发展并无直接联系。这一点应该被各发展规划(包括坦桑尼亚经济增长与贫困消除计划[MKUKUTA]在内)的制定者所考虑。

2012 年,社会进步指数[①]将尼日利亚(经济规模位列非洲第 2)排在社会发展必要事项各国列表中的倒数第 10 位。参考标准包括下述指标:

- 国家是否满足人民的基本需求。
- 国家是否有机制使人民和社会获得或创造更好的生活。
- 国家是否为所有人提供充分发挥自身能力的机会。

上述三大指标的落实很大程度上取决于现行政策。如果一个国家在国民收入分配上没有追求公平,那么即使经济持续增长,大部分社会群体仍将深陷贫困深渊。这意味着增加的财富只会进一步集中在少数人手中。以下是满足社会发展必要事项列表中排名靠后的 10 个国家:

1. 尼日利亚	5. 安哥拉	9. 中非共和国
2. 巴基斯坦	6. 苏丹	10. 乍得
3. 也门	7. 几内亚	
4. 尼日尔	8. 布隆迪	

坦桑尼亚国家统计局表示,2011/2012 年度坦桑尼亚本土收入和支出调查结果显示,每人每月的基本需求贫困线为 36,482 坦桑尼亚先令,成年人每月的食物贫困线为 26,085 坦桑尼亚先令。这些数据显示,生活在坦桑尼亚的本土人口中有超过四分之一的人(28.2%)生活水平处于或

---

① 译者注:该指标的英文名称是"Social Progressive Imperative"(SPI),旨在与国内生产总值(GDP)结合使用,以便在探讨经济发展问题时了解社会的真实状况。

低于贫困线,而有 9.7％的人口未能达到最低食物需求线(见表 3)。

表 3　坦桑尼亚贫困水平情况

贫困水平说明	年　份		
	1991/1992	2007	2011/2012
低于基本需求贫困线(％,均值)	38.6	33.6	28.2
低于最低食物需求线(％,均值)	21.6	16.6	9.7

数据来源:坦桑尼亚国家统计局

　　尽管 2012 年国内生产总值的平均数显示每个坦桑尼亚人的人均收入为 1,025,038 坦桑尼亚先令,但表 3 显示实际情况并非如此。有超过四分之一的坦桑尼亚人的年收入未能达到 437,784 坦桑尼亚先令的需求贫困线均值。如果国内收入得到公平分配,那么坦桑尼亚的人均收入是可以超过贫困线的。尽管数据显示收入低于基本需求贫困线的人数有所减少,但仍有大量工作需要落实。[①]

◉ 电力供应

　　截至 2010/2011 年,坦桑尼亚的电力供应仍然有限。在坦桑尼亚的所有居民中,只有 17％的人可以获得电力供应。此外,电力供应在城市地区更加普及,具体数据如下:

- 农村地区:仅 5.3％的居民可以获得电力供应。
- 城市地区:有 43.4％的居民可以获得电力供应。
- 达累斯萨拉姆:有 68.9％的家庭可以获得电力供应。

◉ 教育

　　大约在 1970 年代,坦桑尼亚文盲率下降至 10％以下,获得了联合国

---

　　① 贫困户提振基金、坦桑尼亚社会行动基金(TASAF)持续帮助贫困家庭摆脱经济和社会困境。尽管需求大于供应,目前为止结果仍是积极的。

教科文组织颁发的多项奖项。然而近年来我国教育水平有所下降,根据2012 年的人口普查数据显示,受过基础教育的人口仅占总人口的77.4%。与此同时,女性受教育人口占比仅 73%。[1]

政府投入大量精力落实适龄儿童入学工作,确保所有孩子都能入学接受教育。根据联合国教科文组织提供的数据,2010 年坦桑尼亚儿童入学登记率达 95%。然而,在所有参与登记的一年级学生中,仅 70%完成了七年级的学业,30%的学生中途辍学,原因包括旷课或怀孕等。大学方面,学生数量从 2006/2007 年的 49,947 名增加到 2011/2012 年的 166,274 名。尽管学生数量实现了大幅增长,但其中女性学生占比仅 34%。

◉ 健康

自坦桑尼亚独立以来,公民的健康服务质量相较于政府目标而言仍旧不理想。政府旨在消除(尤其是传染病在内的)疾病,并为所有患者提供良好的医疗服务。根据 2012 年的人口普查数据,5 岁以下儿童死亡率达 8.1%,新生儿死亡率达 5.1%,年满 1 岁的儿童的疫苗接种率为84.5%。对于产妇而言,情况仍然不容乐观,平均每 10 万名产妇中,有454 名在分娩时死亡,死亡原因包括家庭收入低和医疗服务不足等。

◉ 人口状况总结

由国家统计局和国际组织收集的数据表明,坦桑尼亚人是贫穷的,超过25%的人口生活在极度贫困中。从国民收入水平和民生重要服务落实情况来看,坦桑尼亚在社会发展方面远远落后于发达国家,卫生服务不尽如人意,收入水平较低,教育情况落后。此外,尤其是在农村地区,关键的基础设施如净水、医疗服务和电力供应不足。因此,认为"坦桑尼亚人是贫穷的"这

---

[1] 该数据接近联合国教科文组织 2010 年公布的 72.6%(其中男性约 79%,女性约66%)。

一观点是正确的。总的来说,以衡量财富和良好生活的标准而言我们确实十分贫穷。我们需要良善统治在各个层面帮助坦桑尼亚人民摆脱物质贫困。良善统治来自人民自己。但是,能够创造良善统治、协助领导人尽责的则是那些充满自信并了解自己权利和责任的人。我们需要重新审视我们国家的宪法、政策和法律,以使它们致力于加强人民支柱。

尽管在收入和社会服务等衡量指标方面极度落后,但坦桑尼亚拥有无与伦比的巨大财富。这是一种无法量化的财富,许多外国人都意识到其重要性并利用它获利。这种在坦桑尼亚社会中蓬勃发展的财富是**和平、爱心、团结和慷慨**。有些人不了解这种财富的价值和丢失这种财富后可能造成的影响。这些多年来积攒起来的财富是我们所需要的巨大资本,有助于每个坦桑尼亚人创造财富和美好生活。投资者利用和平稳定的国家环境和坦桑尼亚人的慷慨获得利润,这与那些身处于动荡国家的投资人的处境截然不同。然而,我们也不应该过度慷慨,不要像蜡烛一样点燃自己,照亮别人,直至油尽灯枯。我们必须在利用国家资源的同时维护自身的和平与团结。

土 地 状 况

现在让我们转向国家文化与繁荣的第二支柱——土地。土地是人们生存和发展的支柱。坦桑尼亚拥有面积为 945,087 平方公里的肥沃土地,其中包括山脉、峡谷、河流、湖泊、昆虫、鸟类和各种动物以及多样的气候。接下来让我们详细探讨土地支柱的特点和用途。

◉ 农业

农业是坦桑尼亚就业人数最多的经济活动,农村地区尤为其甚(约占全国劳动力的 80%,其中女性劳动力占比为 84%)。2007 年,从事农业的人口数量达 31,013,026 人。该现象延续至 2012 年。尽管国内的许多地区拥有大片土地和良好的气候条件,但与旅游业和矿产行业相比,农业对国内生产总值的贡献度正在逐渐下降。有数据表明,农业收入现占坦桑尼亚国内生产总值的 45% 以上。[①]

如果一些问题若能得到解决,国家或可从农业中获得更多收入。数据显示,我国土地所有权归土著部落的比例为 69.3%。据说当前的耕地面积为 880 万公顷,平均每个农民拥有的耕地面积仅为 0.28 公顷,可耕地数量十分有限。

农业是促进经济增长的重要工具。农业不但为许多人提供就业机会,也是粮食作物和经济作物的来源。一些国家无法扩大农业规模,是由于土地短缺(所有可用的土地均已用于耕种)、土地状况(沙漠、岩石等)或气候条件(干旱或极寒)。但是,坦桑尼亚可进一步扩大农业规模,因为现存很多适合耕种但尚未耕种的土地。

适合农业生产的土地占坦桑尼亚国土面积的 34%—46%,然而其中已开垦的土地仅占一小部分(29%—36%)。[②] 适合农业生产的土地中,尚未耕种的土地占比达 64%—71%。显然,上文中所提及的可能阻碍农业发展的原因对坦桑尼亚来说影响不大。

表 4　世界部分国家农业用地比较(2005 年)

国　家	耕地面积 (平方公里)	耕地面积占比	排　名 (国家总数 192 个)
美　国	1,660,302	18%	1
印　度	1,535,063	51.3%	2
中　国	1,504,350	16.13%	3

① 联合国教科文组织:《UNESCO 国家计划文件 2011—2025》,坦桑尼亚联合共和国,2011 年。

② 译者注:指适合农业生产的土地中的 29%—36%,而非国土总面积的 29%—36%。

（续表）

国　家	耕地面积 （平方公里）	耕地面积占比	排　名 （国家总数 192 个）
俄罗斯	1,192,300	7.28%	4
尼日利亚	329,334	36.6%	10
南非	157,246	12.89%	20
刚果（金）	75,511	3.33%	37
乌干达	60,891	30.49%	41
肯尼亚	51,119	8.98%	47
坦桑尼亚	47,575	5.39%	50
卢旺达	13,923	55.81%	102
布隆迪	12,489	48.69%	105

来源：维基百科

此外，各地的气候差异有助于我国实现多样化种植并保证全年的收成。比方说，当某一地区在准备耕种时，其他地区正在种植和收割粮食。这种气候的多样性为许多人提供了就业机会，使他们过上更好的生活。"农业优先"计划在提高坦桑尼亚人民生活质量方面激发了巨大潜力。

◎ 国家野生动物保护区

坦桑尼亚长期秉持野生动物、植被和环境保护战略。这一战略通过设立国家公园和自然保护区来实施。我国拥有 15 个禁止狩猎的国家公园和 32 个自然保护区，其中塞卢斯（Selous）是最大的自然保护区，面积达 50,000 平方公里。国家野生动物保护区的总面积为 48,366 平方公里，具体如下（单位：平方公里）：

塞伦盖蒂（Serengeti）	14,750	乌增瓦山（Udzungwa）	1,000
鲁阿哈（Ruaha）	13,000	乞力马扎罗山（Kilimanjaro）	750
恩戈罗恩戈罗（Ngorongoro）	8,320	鲁邦多（Rubondo）	460
米库米（Mikumi）	3,230	马哈莱（Mahale）	410

（续表）

塔伦基莱（Tarangire）	2,600	马尼亚拉湖（Manyara）	325
卡塔维（Katavi）	2,252	阿鲁沙（Arusha）	117
萨达尼（Saadani）	1,100	贡贝（Gombe）	52

◉ 森林保护区

坦桑尼亚的森林面积约 3300 万公顷，其中一半处于中央政府的监管之下。这些森林面临的最大威胁是各类乱砍滥伐，主要原因有二：首先，各个层级监管不力；其次，缺乏明确的森林所有权认定程序，尤其是在国有森林以外的地区。当地居民通过村级政府引入可持续的森林保护和开发规范或可解决这个问题。

◉ 矿产

坦桑尼亚拥有各类珍贵矿产，其中包括**坦桑石**（Tanzanite）①——一种仅在坦桑尼亚北部梅雷拉尼地区（Merelani）才有的矿石。这种矿石于 1967 年被坦桑尼亚的一位名叫埃马纽埃尔·梅里希克·莫莱尔（Emmanuel Merishiek Mollel）的裁缝发现，因其夺目的美貌和巨大的价值而举世闻名。据信在 1967 至 1971 年期间，已开采并出口的坦桑石达 200 万克拉。一颗重达 252.2 克拉的切割坦桑石曾被载入吉尼斯世界纪录。

坦桑尼亚的许多地区都有**黄金**矿产资源，由大型外国公司进行研究和开采。坦桑尼亚人不具备维护大型矿场的资金和设备，因此仅参与了小规模的开采工作。坦桑尼亚的黄金产量在非洲排名第三，仅次于南非和加纳。2002 年共计开采黄金 43.2 吨，2003 年增至 48 吨。黄金出口总

---

① 该矿物是一种名为蓝色黝帘石（Zoisite）的矿石，因其仅出现在坦桑尼亚而被蒂凡尼公司命名为"坦桑石"。

价值为 5.04 亿美元,占外汇总收入的 62％。据估计,本国尚未开采的黄金储藏量达 3600 万盎司。

除了黄金和宝石,坦桑尼亚还拥有南部高原地区的大量**煤矿**资源。幸运的是煤矿藏紧邻姆楚楚玛(Mchuchuma)等铁矿石产区。预估我国的煤矿储量可达 50 亿吨。

◉ 天然气和石油

在基尔瓦县的松戈松戈岛(Songo Songo)[①]上发现的天然气预示着坦桑尼亚可能存在石油资源。坦桑尼亚石油发展局(Shirika la Maendeleo ya Petroli Tanzania,TPDC)和能源矿业部负责协调全国各地的勘探工作。尽管迄今为止尚未发现石油资源,但勘探工作仍在继续。天然气方面则取得了巨大成功,有迹象表明坦桑尼亚有望在 2025 年成为中等收入经济体。位于姆图瓦拉省(Mtwara)的椰树湾(Mnazi Bay)地区和该省邻印度洋海域现已发现大量天然气资源。据称,我国拥有 43 万亿立方米的天然气储量。更多的天然气资源有待开发。

◉ 土地状况总结

无论从哪个角度来看,坦桑尼亚的土地资源都非常丰富。其开发的可能性涵盖了几乎所有的生产活动(包括农业、畜牧业、渔业、可持续狩猎、天然气和矿产开采、森林采伐、旅游业、各种工业等),这也是为什么坦桑尼亚吸引了众多外国投资者来"攫取"我们的资源,开展所谓的"投资"。很难理解为什么我们这些贫穷的人要呼吁外国人来掠夺我们土地上的财富,这是上帝赋予我们的财富。也许这就是谚语"人愚被人欺"或"树木多则无建筑者"的含义吧。

---

① 1974 年,阿吉普公司(Agip)在这里发现了天然气资源。

讨论与建议

我们国家的文化支柱并不均衡。人民是贫穷的,而土地又极其富饶。因此,根据国际标准,坦桑尼亚是一个非常贫穷的国家,但土地资源却非常富有。贫困导致民众缺乏自信。穷人们没有机会参与或决定他们的生活和国家的重要事务。由于长时间生活在收入低下和基本需求得不到保证的贫困环境中,人们相信他们的贫困源于国家的贫困。基于这种信念,许多人认为唯有依赖所在地(村庄、县城、省份或国家)之外的援助才能获得发展。更糟糕的是,领导人也相信唯有依赖外部援助才能消除贫困。其结果是,我们利用和平、友爱、团结和慷慨来建立依赖,而不是利用土地、和平文化来实现自给自足。

不 良 习 俗

如前文所述,一个人的行为习惯会变成他的个人习性,如若个人习性在社会中愈发普遍,继而就会变成一种习俗。在这种情况下,人们不再对这些行为感到惊讶,反而认为这就是他们社群中做事的常规方式。

我们国家存在一些不良习俗,这些习俗必须在成为不良传统之前受到谴责。为了建立反对贫穷的新文化,我们必须拒绝这些习俗。其中包括:

- 坦桑尼亚人在富饶的土地上生活,却如同生活在贫瘠的土地之上。富有的人会努力保护其财产不受劫匪侵夺。坦桑尼亚人民的已开发耕地较少,人口增长迅速,人们便将肥沃的土地以低廉的价格移交给外国人。在一些村庄中,外国人更是以欺骗的手段获得土地。有很多关于居民被迫离开其原居地，土地以极低的费用被转让给外国人的报道。如前文所述，富饶的土地应当交由人民自己开发利用。

人民和政府必须意识到，土地资源需要加以利用才能带来发展。一些外国人来到国内的某些地区，申请并获批大片原始森林土地以建设大型农场。这些外国人采伐了我们的原始森林资源并运往他们的国家，最终又抛弃了这些地区。与开发（或投资）自然资源相反，这些外国人收割了我们的自然资源后便自顾自地离开了。正如先辈所说，"天助自助者"（Asiyejua maana haambiwi maana）。我们的土地拥有富饶的自然资源，这是我们的巨大财富。因此，我们不应将之胡乱分割或对外租借。

另一个加剧人民贫困的原因是人们被剥夺了上帝赋予他们的土地，而土地被交给外国人开采矿产等资源。那些被剥夺土地的人民是否得到了与他们失去土地价值相符的补偿？如果我们的土地是贫瘠的，就不会吸引那么多外国人，他们中的许多人不是参与投资，而是掠夺了我们国家的财富。

- **领导人明明身处贫穷的社会中，生活却十分奢华。**我曾看到印度政府是如何节约开支的，尽管与坦桑尼亚相比，印度的经济规模要大得多。令我印象深刻的是印度领导人有效地利用他们的国家资源的方式。例如，部长们的汽车与街上的出租车一样普通，他们办公室的办公用具也很普通。这与我国形成了鲜明对比：政府（中央政府、省级政府和地方政府）和公共机构使用的物品通常都很奢华。最常见的是那些人称"闪亮亮"的豪华汽车。老旧的家具虽然结实，但都被高价却质量得不到保证的进口家具取而代之。为什么印度政府的领导人和官员们可以使用低成本的设备，而我们贫穷国家的领导们却喜欢奢华的东西呢？这种情况起初是少数领导人的行为习惯,逐渐变成了一种风俗,如不加以制止,最终会变成一种传统——一种恶劣的传统。

- **国家的财富没有用来使人民过上富有的生活——过上更好、更具有可持续性的生活。** 源自我们土地的巨大财富,如坦桑石、黄金和其他矿物、森林、野生动物和渔业资源等只能使少数人受益,尤其是外国人。坦桑尼亚属于——无论男女老幼——所有坦桑尼亚人。如果存在更为公平的收入分配政策,贫困或将被消除。高收入群体应当缴纳更多的税,政府的收入应该用于提高社会服务质量。

  资源开发带来的经济增长不应仅仅体现在财政和中央银行的账目中,还应体现在农村和每个家庭的生活中。医疗服务应当质量更好,普及性更高。所有学校都应配备教学和学习设备。我们是如何能做到当达累斯萨拉姆市的孩子们仍坐在地板上学习时,我们却自豪地宣称国家经济在迅速增长?人们合法的收入自然应受保护,那些一无所有的人则应该得到帮助。当人们因为他们的土地财富而变得富有时,一个众人心之所向并属于每一位公民的富有国家将最终实现。通过这种方式,作为我们国家文化一部分的和平、友爱和团结将得到进一步增强和巩固。

- **我们没有为我们的土地财富感到骄傲,也未曾对其进行战略性宣传,运用这些资源来满足我们的需求(如坦桑石、乞力马扎罗山、梅鲁山、坦噶尼喀湖等)。** 坦桑尼亚拥有许多自然资源和旅游景点,但它们并没有得到足够的战略性宣传以增加国家收入。如果这些景点得到有力的宣传,整个国家将从中受益。作为坦桑尼亚人,我们应当全面认识自己,包括我们所拥有的资源。例如,我们在将本国宣传为世界上唯一一个拥有坦桑石的国家时遇到了哪些问题?在我们的博物馆中,是否保存着这些宝石?2005年,坦

桑石一号公司(Tanzanite One)获得了一块重达 16,839 克拉(约
3.38 公斤)的坦桑石。这是迄今为止开采到的最大的坦桑石,这
本应成为我们国家的纪念品或宝藏,但我们并未采取适当的程序
或措施加以保护。当所有这些矿物都被开采干净后,除了被挖掘
一空的坑洞外,我们还能留下什么呢?

乞力马扎罗山海拔 5,895 米,不仅是非洲海拔最高的山脉,
也是世界上最高的独立山峰(不同于埃佛勒斯特山等伫立于群山
之上的山脉)。此外,乞力马扎罗山是世界上唯一一座无需借助
专业设备也可攀登的山峰。为什么我们在宣传时没有提到这
些呢?

有一段时间,我们的邻国(肯尼亚)曾在世界上宣称,想要看
到乞力马扎罗山的人应该去他们国家。许多坦桑尼亚人抱怨称
该国撒谎并试图夺取坦桑尼亚人的权利。实际上,该国利用其靠
近乞力马扎罗山的地理位置吸引了不少游客,甚至超过了实际拥
有这一山脉的我们所吸引的游客。与乞力马扎罗山相邻的是梅
鲁山(海拔 4,566 米),它是非洲的第五高山。为什么我们不鼓励
那些前来攀登乞力马扎罗山的人也尝试攀登梅鲁山呢?坦噶尼
喀湖是世界上最长的湖泊,坦桑尼亚的利恩巴号轮船
(Liemba)在湖上提供服务,它是世界上最古老的运载乘客的船
只之一。

- 我们必须适当宣传并以我们国家在非洲和世界发展中所作的贡
  献为傲(指坦桑尼亚在非洲大陆解放运动中所作的贡献,以海洋
  之路医院[Ocean Road]为例)。自坦桑尼亚获得独立以来,我们
  在非洲大陆解放运动中崭露头角,帮助非洲摆脱殖民者和种族主
  义者(尤其是布尔人)的控制。非洲大陆解放委员会的总部设在
  坦桑尼亚达累斯萨拉姆市,该机构自 1963 年随着非洲联盟组建

而成立以来,至 1994 年南非组建民主政府之后才解散。许多解
放组织在他们各自的国家获得独立之前,都在我们国家设有办事
处。来自许多非洲国家的自由斗士和难民在我们国家得到了庇
护,并在斗争中得到了各种形式的支持。尽管如此,这种贡献并
没有得到适当的宣传以吸引更多游客,解放运动的历史记忆也没
有得到充分认可和妥善保存。

　　1997 年 10 月,海洋之路医院诞生 100 周年,这对坦桑尼亚和
世界历史而言都具有重要意义。这家医院及其实验室曾被德国
医生、科学家罗伯特·科赫(Dkt. Robert Koch)使用,他于 1882
年发现了结核病的病原体。他在这里发现并研究了霍乱、昏睡病
和血吸虫病。科赫博士在 1905 年离开这家医院前往斯德哥尔摩
参加诺贝尔奖授予仪式,他因发现结核病病原体而获得表彰。因
此,除了作为坦桑尼亚最为主要的癌症治疗中心外,这家医院还
应成为吸引国内外科学家和游客的重要景点。

　　我要提到的最后一个资源是姆博兹陨石(Kimondo cha
Mbozi)。这块陨石发现于 1942 年,是世界第三大陨石,重达 15
吨。目前仅有少数人亲眼目睹过姆博兹陨石。我们并没有充分
宣传这一重要遗产。

　　在这里我无法一一列举坦桑尼亚的所有宝藏,但它们当中的
每一个都使我们国家的土地变得更为宝贵。让我们培养为国家
宣传的热情和习惯,也使那些想要从中非法获利的人付出相应的
代价。当外国人纷纷涌入我国并不断致富时,我们坦桑尼亚人不
应再继续称我们的国家为贫穷之地。

- **铺张浪费的习惯加剧了社会资本的匮乏,从而阻碍了经济增长。**
  在前面的章节中已经解释了文化可以阻碍或促进发展。例如,现
  在韩国和加纳在经济上的差异主要源自文化上的差异。坦桑尼

亚和加纳在储蓄方面的文化差异不大,但韩国人更倾向于节省开支以投资子女教育和未来的美好生活。许多坦桑尼亚人为了追求当前的声望而炫耀奢华的生活,这种情况在城市和乡村中均普遍存在。

农民会举行盛大的庆祝活动来庆祝各种社交事务,有时这些活动的花费甚至超过他们当季收成的一半。如果下个季度收成不好,家庭就会陷入极端困境。城市里也养成了大操大办的习俗,包括生日宴会、婚礼前后的宴请仪式等。这些庆祝活动花费了很多钱,这些钱通常来自亲友的捐助和当事人的储蓄。有时候用于婚礼庆典的资金足以建造一栋房屋,却被挥霍掉了。很少有人会为那些没有经济能力的家庭中的孩子进行医疗或教育捐款。

在国家层面,我们也会举办昂贵且盛大的庆祝活动,这些庆祝活动花费了纳税人大量的金钱,这些金钱本可以用于增加和提高社会服务的数量和质量。过度的吃喝和消费习惯削弱了个人和社会用于储蓄或投资未来美好生活的能力。

- **由于缺乏新的思维方式来利用土地,解决人们的贫困问题,我们看到坦桑尼亚的土地是富饶的,但坦桑尼亚人是贫穷的。**这意味着我们仍然没有正确的思维和方法利用我们富饶的土地来改善生活。我们非但没有寻求利用土地促进发展的经验,还四处乞求外国人来我们国家投资。我们甚至通过免税等方式乞求他们继续掠夺我们的资源。尼雷尔导师早就意识到了这种危险。1967年8月5日,他曾警告说,如果其他国家或国外资本家在这里建立大大小小的工厂,建立大规模农场,那么大多数坦桑尼亚人将成为其他少部分国家或少部分人的短工。[①] 让土地和人民置于

---

① J. K. Nyerere, 1968, "Shabaha ni Mwanadamu", p. 91.

外国人的控制之下,这意味着将国家的文化抵押给了外国人,而文化是国家生命和意愿的象征。因此,我们必须创造新策略,寻求新知识,教育年轻人,使社会拥有新的知识宝库,将土地财富转化为人民财富。人民必须拥有并从上帝赐予我们的资源中受益。

知识的贫乏比物质的贫困更为严重。我们拥有适合农业生产的大片土地,但我们没有扩大农业生产以增加家庭和国家的收入。为什么人们不扩大农业生产?有许多原因导致农业未能充分发展。首先,农业劳动是艰苦的,需要人力耕作和照料大片土地,而主要工具只有手锄。此外,由于缺乏足够的知识和资金来开发土地,乡村居民因遭受不公正的领导和所谓投资者的欺压而担心自身安全和土地所有权。农民们世代拥有的村庄土地(在尚未征得同意的情况下)被政府逐渐分配给了外国人。

发展性文化是使人们充满自信、热衷于自力更生并投资未来的文化。这样的文化是人民自己建立的,他们受到在他们之中具有更广阔视野的人的领导。坦桑尼亚人民贫穷的说法是真实的,并且通过人民实际生活状况的统计数据得到了证实。这种情况必须借助国家的财富(土地和资源)来消除,这一点在统计数据和实际状况中得到了印证。在坦桑尼亚社会中,一种越来越普遍的信念是:"除非得到援助,人民无法自力更生。"这种信念不会培养人们独立自主的勇气。近年来,出现了一句广为流传的谚语:"除非我们被赋予能力,否则我们不具备能力(Tukiwezeshwa tunaweza)。"这意味着人们相信只有在得到帮助的情况下才能成功。

导致坦桑尼亚人相信他们无法摆脱贫困的原因之一是国家自主意识的减弱和安于现状的心态。我们必须与这种(使许多人相信他们无法摆脱贫困的)信念进行斗争,直到它被根除。政府必须重新审视其经济和投资政策。有必要区分经济系统和社会系统。社会系统必须为所有人提供分享经济成果的机会。英国广播公司经济学家乔·米勒(Joe Miller)①指出,制定有助于社会稳定的政策是明智的。但是,这些政策不仅应关注物质需求,还应关注公平、自由、决策、宽容和参与。这位学者的观点是正确的,因为人们可以拥有住房、食物、衣物、水等必需品,但如果他们没有行事自由,没有得到公正对待,或者无法参与决策,他们就无法说自己拥有良好的生活。

结　语

文化繁荣振兴的两个关键领域是农业和教育。国家拥有足够的土地,可以让所有愿意从事农业生产的人各得其所。这本应是政府在"农业优先"计划下的首要任务。在邀请外国人来坦桑尼亚并将大片土地交给他们之前,政府必须确保所有有劳动能力的民众都已就业。我们应该激发人民对自给自足、穿着得体、安居乐业的渴望。大约在 1975 年左右,我们国家的一个重要口号是:"劳动值得骄傲,懒惰、酗酒和游手好闲则是每个坦桑尼亚人的耻辱。"这个口号至今仍然适用,它鼓励我们热爱工作,摒弃懒惰、酗酒和游手好闲的不良习惯。在许多地区(包括大城市),人们喜欢从事农业劳动却没有足够的土地。如果人们可以获得土地资源,并且得到农具支持,他们就能自给自足并满足其他重要需求。政府必须帮助这些人获取土地。我们的首任总统尼雷尔早在 1967 年就意识到了这一点,并作了如下解释,这些解释至今仍然适用:

① "Move Over, GDP: How Should You Measure a Country's Value?", BBC Business Reporter, 3rd April, 2014.

帮助年轻人……和其他在他们原籍地没有足够土地的人,唯一的办法就是在土地充足的地方建立新的居所。我们无法扩大乞力马扎罗山或其他土地稀缺的地方。唯一的解决办法就是迁移到坦桑尼亚的其他地方。迁移是必要的,政府有责任提供帮助……①

教育是建立和发展美好生活的重要工具,也是发展文化的重要工具。教育相关数据显示,与独立后的头十年相比(超过 90% 的公民具备读写能力),当前我国具备读写能力的人口比例有所下降。当我们在庆祝文化领域所取得的成就时,我们也应当关注生活层面。民众应当接受培训,以便强化工作技能并从工作中获益。独立自主的心态须由学校和各类教培机构培养。必须加强民族主义、和平与团结方面的教育。我们必须摒弃近年来兴起的铺张浪费的不良习惯。相反,我们应该建设一个个体可以拥有土地并利用土地摆脱贫困的社会,建设一个以人们的生活质量为衡量标准的社会,而不是遵从模糊的统计数据,或是以(仅归属于少数人的)奢华住宅、汽车和其他奢侈品作为衡量标准。国家的发展是由人民带来的,我们要抛弃贫穷文化。我们坦桑尼亚人必须建设一种使我们能够谨慎、专业和公平地拥有和利用土地的文化——政府要充当协调者。以此类推,我们应该为坦桑尼亚人民建立现在和未来都能提高教育质量、创造富裕生活的机构和规范,我们要建设**发展的文化**。

参 考 文 献

Jamhuri ya Muungano wa Tanzania, 1999, Dira ya Maendeleo ya Tanzania 2025, Tume ya Mipango.

---

① J. K. Nyerere, 1968, p.135.

Jamhuri ya Muungano wa Tanzania，2012，*Utafiti wa Mapato na Matumizi ya Kaya Binafsi Tanzania Bara 2011/12* - Matokeo Muhimu，Ofisi ya Taifa ya Takwimu.

Jamhuri ya Muungano wa Tanzania，2012，*Tanzania in Figures 2012*，Ofisi ya Taifa ya Takwimu.

Nyerere，J. K.，1968，*Ujamaa*，Dar es Salaam：Oxford University Press.

附录

"乌塔尼"部族关系
——坦桑尼亚和平稳定的支柱①

战争起源于人之思想,故务须于人之思想中筑起保卫和平之屏障。

——联合国教科文组织《组织法》

引　言

既然以史为镜,可以知兴替,那么后之视今,亦如今之视昔。我在本文中详细论述了传统秩序对坦桑尼亚人的意义、发端和益处。"乌塔尼"部族关系②(以下简称乌塔尼)是一种存在于坦桑尼亚各部族之间,由军事、商贸

---

①　本部分由杰克森·M. 马奎塔(Jackson M. Makwetta)撰写。杰克森·M. 马奎塔生前曾任坦桑尼亚北恩琼贝选区(Jimbo la Njombe Kaskazini)的大区议员,坦桑尼亚联合共和国政府首任教育部长。他是一位历史、政治和乡村发展研究方面的专家。发生在坦桑尼亚邻国布隆迪、卢旺达、索马里、肯尼亚、乌干达、刚果(金)、刚果(布)等其他非洲国家的民族内战促使马奎塔于2001年写下了此文。本文观点与立场只代表作者本人。本文在关于"Amant 文化"的辩论中作出了贡献。马奎塔相信学术研究是推动国家发展的重要原动力,同时希望历史学家们为了坦桑尼亚的活力、安全和发展继续推进研究工作。此外,他还阐明了文化在国家发展中的重要作用。马奎塔已于2012年离世。

②　译者注:"乌塔尼"部族关系(Utani)是斯瓦希里语词,指亲属、家族、部族之间的和谐关系,是坦桑尼亚普遍存在的一种传统秩序。

等事务发展出的兄弟关系。同时,乌塔尼还是各个尚未被记录下来的部族之间存在的一种和平关系或和平条约。此类条约最大的目的在于阻止各部族间的战争或冲突风险,建立友好关系,以便人们在各部族间往来更加便捷。简而言之,乌塔尼是坦桑尼亚各个班图人民族中的一种和平文化。

乌塔尼的历史表明,过去这样的关系会直接作用于一个部族和另一个部族,甚至是第三者部落之间的个体身上。然而我们最好明白,那些声称自己属于"不同民族"的人其实往往语言相通、样貌相同、起源相同,只是他们因居住地不同或者从事的职业不同而赋予了自己不同的名字。例如在苏库马人(Wasukuma)和尼亚姆维奇人(Wanyamwezi)之间、赫赫人(Wahehe)和贝纳人(Wabena)之间,以及阿鲁沙人(Waarusha)和马赛人之间都不存在根本差异。因为这几组人实际上各自都源出同祖。在他们中势必就不存在所谓乌塔尼,因为就乌塔尼的本质和基础而言,兄弟之间并不能称为不同部族。

瓦塔尼(Watani)是一种传统的亲友关系,指那些喜欢随时随地彼此打趣的人,他们在遇到困难,特别是遇到灾难的时候又会为了彼此挺身而出。一个塔尼伙伴有对另一个塔尼伙伴开任何玩笑的自由,不过他必须先明确对方确实是自己的塔尼伙伴。此外,他要明白自己对另一个人进行讽刺、羞辱或欺凌,这些都会引起双方的冲突。有超过80%的坦桑尼亚部族之间都存在乌塔尼关系。正如前文所言,乌塔尼关系的主要任务是避免各部族之间出现矛盾与冲突,同时在各部族间建立联系。乌塔尼不能用来发展或扩大一个部族对另一个部族的防备力量。这种行为对乌塔尼关系而言是一种禁忌。

乌塔尼的起源

乌塔尼的概念来源于古人对维持和平、减少部族与部族之间摩擦和仇恨这一目标的追求。换言之,尽管在一个部族中不存在代表其他部族的代言人,但乌塔尼与国际合作仍可被看作是同一种概念。国家间设置使领馆的目的在于推动相关国家间的友好关系和经贸往来。在国际合作的秩序中,有合作关系的国家理应彼此尊重,主动消除会造成两国关系紧张的因素。这正是各部族践行乌塔尼关系的方式。在部分地区,统治者们通过子女联姻的方式塑造乌塔尼关系,以便消除部族间的仇恨与敌意。这一手段在世界各地也十分常见,它对于各国各民族睦邻友好起到了很大作用。

在此我想以赫赫人和恩戈尼人(Wangoni)为例,进一步讲解乌塔尼关系的起源。在这两个部族建立乌塔尼关系以前,他们已经彼此争战很久。然而 1882 年双方在利霍果萨(Lihogosa)盆地进行伊同波洛洛(Itombololo)激战后,这两个部族决定签订和平条约,双方不再继续争斗。以下文字来自赫赫人和恩戈尼人签订的和平条约文本:

> 这场战争中没有胜者。我们所有人都会被毁灭。放弃争斗才是出路。让我们回到故乡,重新开始。如果未来我们必须重燃战火,我们的后代将继续这场战斗。
>
> 伊同波洛洛,1882 年

除非是对愚昧、贫困和疾病宣战,否则赫赫人和恩戈尼人的新生代就没有继续战斗的必要。长者们用贝纳语(Kibena)和恩戈尼语(Kingoni)所作的说明均表明赫赫人与恩戈尼人之间的和平条约正是这两个部族产生乌塔尼关系的开始。我最好提前说明,在殖民主义进入东非地区之前,恩琼贝郡有一半的土地都处在赫赫族的姆克瓦瓦的统治下,另一半则在恩戈尼人手里。因此,贝纳人分为了两支,分别追随这两个势力。然而须知虽然戈戈人(Wagogo)和尼亚姆维奇人、戈戈人和苏库马人之间也存在坚实的乌塔尼关系,不过他们之间没有爆发过战争。例如尼亚姆维奇人和苏库马人往往声称自己是戈戈人的祖先。有趣的是,每个与其他部族保持着乌塔尼关系的部族,都会自诩自己是比其他塔尼更古老的部族。

对戈戈人和尼亚姆维奇人、戈戈人和苏库马人之间存在的乌塔尼关系的深入研究显示,这些部族的乌塔尼萌芽于他们已有的商贸关系,主要是以物易物和奴隶贸易。戈戈人的领土是主要的商贸通道,连接了印度洋、坦噶尼喀湖和维多利亚湖(又称利库万戈湖,Ziwa Likuvango)①地区。居住在印度洋沿岸地区的阿拉伯人和来自大湖地区的奴隶都会经过戈戈人的领地,这加强了他们之间的联系。据说斯瓦希里语也因海滨和内陆地区居民的商贸关系而得到发展,并扩散至更多地区。对斯瓦希里语的研究表明这门语言中的许多词都来源于诸多说班图语的部族。

一些人彼此之间成为塔尼伙伴主要是因为他们正好生活在存在乌塔尼关系的大部族周围。例如在鲁伍马省,恩戈尼人与赫赫人、尼亚姆维奇人、苏库马人、卢古鲁人(Waluguru)、扎拉默人(Wazaramo)以及其他许多部族都是塔尼伙伴。但是那些鲁伍马省之外的部族,譬如马腾果人(Wamatengo)、恩德恩德乌勒人(Wandendeule)、基西人(Wakisi)和曼达人(Wamanda)也是与恩戈尼人有乌塔尼关系的塔尼伙伴。这是因为这些部族要么就是领地与恩戈尼人相邻,要么就是恩戈尼人的塔尼伙伴们没法一一辨明生活在该省的各个部族,或者在享受过乌塔尼关系的好处后对此予以默认。

乌塔尼常能减弱各部族之间的敌意,建立起一种持久的亲缘关系。例如,人们常说马赛人、苏库马人和库里亚人(Wakuria)是塔尼伙伴,只是因为他们之间常互相窃取牲畜。这种说法的可靠性并不高,马赛人是

① 坦桑尼亚的维多利亚湖此前有诸多本地名字,殖民者到来后才将其改名为维多利亚湖。

否理解并遵守乌塔尼的准则尚不可知。因此,马赛人持续窃取其他部族牲畜的行为显然违背了乌塔尼的基础。苏库马人和马赛人的关系历来如此,因此我认为这两个部族之间并不是塔尼兄弟,因为他们的关系没有乌塔尼的特征。马赛人和苏库马人之间没有兄弟般的友好关系,并且他们至今仍在互相窃取牲畜。

不幸的是,乌塔尼的基础原则随着各塔尼部族的年轻人彼此通婚而逐渐变得模糊,这种通婚行为在过去并不容易。基于以下三个原因,具有乌塔尼关系的部族之间的年轻人通婚是一种对乌塔尼基础的破坏。

第一,通婚常在关系双方之间建立起一种相较于乌塔尼友好而言更进一步的强联结关系。贝纳人有一套秩序,专门在血亲结婚时起到弱化手足情感、强化男女情感的解决作用。这套秩序被称为"ndumulaluko-lo",意为"背离家族"。人们也建议各个塔尼部族之间通婚时形成一种类似贝纳人的秩序。相关部族的长老们需要出席并举行"背离乌塔尼"(ndumulautani)的流程,以便成婚双方明白他们不仅仅是成为夫妻,同时也成为同一个社群内的"自己人"。设置类似的程序应受到人们重视,这样才能发展乌塔尼的内涵,使新生代记住哪些部族之间有相同的兄弟起源。这样的实践可能需要由各个具有乌塔尼关系的部族的长老们共议决定。

第二,塔尼之间通婚后生育的后代不再是塔尼,因为他们身上符合乌塔尼关系的特征已经淡化。在许多地方,不同家族、部族和国家的成员之间通婚往往是消除彼此敌意的途径。例如尼亚姆维奇人就曾出于这一目的将他们的女性后代嫁给姆克瓦瓦。与此同时,姆克瓦瓦则将自己的姐妹许配给桑古(Usangu)的统治者以消除双方的敌意。

令人惊讶的是,在一些彼此通婚(特别是与族长家族通婚)的部族中,女方往往不被允许生育,因为人们担心外族嫁过来的女性所生育的后代可能夺取本部族的统治权。尼亚姆维奇部族外嫁给姆克瓦瓦以及赫赫部族嫁给梅勒勒(Merere)①的两位公主都不被允许生育后代。

第三,法律统治与和平的存在已经使乌塔尼的重要性有所下降。但是也有人担心如果乌塔尼消亡,坦桑尼亚国内的和平环境也将荡然无存。消灭乌塔尼正如杀鸡取卵。消灭乌塔尼就是消灭部族、习俗和语言,这种行为和灭绝自然界里的植物、动物、昆虫以后引入外来的物种别无二致。以植物为例,外来入侵植物繁荣的地方,原本丰富多彩、能够给许多物种提供生存空间的原生植物就会被绞杀。这正是推动坦桑尼亚各类本土语言、民族的保护和发展的重要动力。"我们要发展斯瓦希里语和英语,但是也不要忘记贝纳语、苏库马语、巴亚语以及其他坦桑尼亚各地的本土语言。"灭绝民族语言就是灭绝非洲文化的丰富性。

出于享受乌塔尼优点的原因,部分省份中,许多部族已经由于彼此间建立了乌塔尼关系而饱受诟病,其中一些甚至没有乌塔尼传统。阿鲁沙、乞力马扎罗、辛吉达等省份的一些部族正是如此。在桑给巴尔,乌塔尼关系主要是基于地缘基础,这可能是源于各部族广泛混居。桑给巴尔群岛地区深厚的乌塔尼关系有别于桑给巴尔和坦桑尼亚大陆之间的乌塔尼关系,尽管苏库马人、尼亚姆维奇人和马孔德人的存在对推动桑给巴尔群岛的乌塔尼关系贡献颇丰,但是这种差别依然令人费解。我们应扪心自问,如何利用乌塔尼消弭坦桑尼亚国内各党派之间的敌意。

坦桑尼亚乌塔尼的本质可以分为以下三个主要部分:

A. 原始乌塔尼:这是一种由处于交战、通商或者合作关系里的部族成员出于消弭彼此敌意的目的而组成的一对一乌塔尼关系。

B. 合作乌塔尼:这是一种与其他拥有乌塔尼关系的部族居住在一起的人之间存在的乌塔尼关系。金加人(Wakinga)和旁瓜人

---

① 译者注:梅勒勒是分布于坦桑尼亚姆贝亚地区桑古部族(Usangu)的领袖。

（Wapangwa）不是赫赫人的塔尼伙伴，因为这些人都是兄弟关系。

C. 仿乌塔尼：没有乌塔尼传统的部族往往也会模仿其他部族建立这种关系以便提高自己的地位或减少彼此的仇隙。

在以上三个部分中，A 和 B 同样重要，B 和 C 的重要性也相同，也就是说 A 和 C 也一样重要。这意味着苏库马人是恩戈尼人的塔尼伙伴，恩戈尼人和马腾果人有兄弟关系，因此苏库马人也能和马腾果人做塔尼伙伴。

存在乌塔尼关系的部族

前文提到，在坦桑尼亚有 80% 以上的部族之间存在乌塔尼关系。与此同时这种概念（或可称为关系）又以一种非正式的方式被新生代继承。迄今仍未有正式的文字材料说明不同民族缔结乌塔尼关系的具体流程规范。这种情况有时会引起混乱，因为各相关方对塔尼伙伴的基础、禁忌以及其他应当做或者不应当做的事都不甚了解。故此，以书面形式确立乌塔尼基础要素目前适逢其时，从而使人们有机会学习这一重要概念，实现发展、促进坦桑尼亚和平之目标。

坦桑尼亚塔尼伙伴部族表

省份与部族	相关塔尼伙伴
姆万扎省 （苏库马人）	分布于多多马省、伊林加省、鲁伍马省、坦噶省、莫罗戈罗省、滨海省和达累斯萨拉姆省的部族。
塔波拉省 （尼亚姆维奇人）	分布于多多马省、伊林加省、鲁伍马省、坦噶省、莫罗戈罗省、滨海省和达累斯萨拉姆省的部族（苏库马人和尼亚姆维奇人情况相同）。

（续表）

省份与部族	相关塔尼伙伴
基戈马省 （哈人，也称阿巴哈人或瓦哈人）	恩戈尼人、菲帕人（Wafipa）、库利亚人、哈亚人（哈人曾与恩戈尼人敌对）。
卡盖拉省 （哈亚人）	金扎人（Wazinza）、克勒维人（Wakerewe）以及分布在马拉省和基戈马省的部族。
多多马省 （戈戈人）	分布于多多马省、伊林加省、鲁伍马省、坦噶省、莫罗戈罗省、滨海省和达累斯萨拉姆省的部族。虽然存在乌塔尼关系，不过戈戈人同时也是赫赫人的亲属部族。戈戈人还和金布人有乌塔尼关系。
莫罗戈罗省 （卢古鲁人）	分布于多多马省、伊林加省、鲁伍马省的部族（目前尚不清楚坦噶省、莫罗戈罗省、滨海省和达累斯萨拉姆省是否存在相关部族）。*可能卢古鲁人与分布在坦噶省、莫罗戈罗省、滨海省和达累斯萨拉姆省的部族不存在乌塔尼关系。滨海省和达累斯萨拉姆省的部族与莫罗戈罗省的部族关系紧密，就像苏库马人和尼亚姆维奇人之间的关系一样。具体情况有待进一步研究。①*
伊林加省 （赫赫人）	分布于多多马省、伊林加省、鲁伍马省、坦噶省（存疑）、莫罗戈罗省、滨海省和达累斯萨拉姆省的部族。*赫赫人和坦噶省的部族很有可能没有乌塔尼关系。伊林加省的部分部族目前也定居于坦噶省，主要从事剑麻种植业。*
鲁伍马省 （恩戈尼人）	分布于多多马省、伊林加省、鲁伍马省、坦噶省（存疑）、莫罗戈罗省、滨海省、达累斯萨拉姆省、林迪省、姆特瓦拉省和基戈马省的部族。
姆贝亚省 （桑古人）	分布在鲁伍马省、林迪省、姆特瓦拉省的部族。关于桑古人和尼亚库萨人之间的乌塔尼关系有待进一步研究。
阿鲁沙省 （马赛人、伊拉库人）	具体情况有待进一步研究。
乞力马扎罗省 （查噶人）	本省的帕雷人。国内其他地区的部族（特别是坦噶省）与查噶人是否有乌塔尼关系有待进一步研究。
鲁夸省 （菲帕人）	恩戈尼人和哈人。关于他们之间产生乌塔尼关系的原因尚待进一步研究。

---

① 译者注：本表中的斜体字表示此为作者的推测。

（续表）

省份与部族	相关塔尼伙伴
辛吉达省 （尼兰巴人）	夸维人（Wakwavi）、尼亚图鲁人（Wanyaturu）、巴巴吉人（Wabarbaig）以及其他分布于马拉省的部族（如库利亚人）。
林迪省 （姆维拉人）	分布于鲁伍马省和伊林加省的部族。具体情况有待进一步研究。
姆特瓦拉省 （马孔德人）	分布于鲁伍马省和伊林加省的部族。具体情况有待进一步研究。
滨海省 （扎拉莫人）	分布于多多马省、伊林加省和鲁伍马省的部族（尽管现在坦桑尼亚各部族在此地的融合程度已经非常高）。
达累斯萨拉姆省 （扎拉莫人）	情况与滨海省相同。
马拉省 （库利亚人）	分布于卡盖拉省的哈亚人与分布在辛吉达省的尼兰巴人。

如上表以及前文所解释的那样，部分地区的乌塔尼关系是直接的双边关系，部分地区则是通过第三方民族，依地缘建立多边关系。例如，A部族和B部族相似，B部族与C部族也相似，则A部族与C部族相似。这意味着苏库马人和赫赫人都是恩戈尼人的塔尼伙伴，而恩戈尼人是姚人的塔尼伙伴，因此苏库马人也是姚人的塔尼伙伴。然而这种逻辑原本适用于同属于一个国家的部族中。在坦桑尼亚其他地区，这种关系（即乌塔尼）的确立却超越了国界，来自两个不同国家的部族如若理解乌塔尼的基本原则、起源及收益，也可能形成乌塔尼关系。例如，若肯尼亚的卢奥人（Wajaluo，也称洛人）与来自坦桑尼亚的哈亚人缔结了乌塔尼关系，人们尚不清楚应如何理解这一情况。然而如果肯尼亚的卢奥人将其与哈亚人之间的乌塔尼关系解释为坦桑尼亚人对肯尼亚公民的挑衅，这将是对坦桑尼亚乌塔尼基础的一种巨大误解。在坦桑尼亚境内人们不会对此议论纷纷，因为哈亚人和卢奥人是塔尼伙伴。肯尼亚的卢奥人与坦桑尼亚的卢奥人之间是否存在根本性差别目

前尚未可知,肯尼亚的马赛人和坦桑尼亚的马赛人、坦桑尼亚的马孔德人和莫桑比克的马孔德人之间亦是如此。(现今)各国国境线是由曾经的殖民者出于简化殖民统治之目的所划定,而不是基于各族人群之间的差异。在东非共同体基础框架内,我们不妨建议坦桑尼亚的哈亚人不要将肯尼亚的卢奥人视为塔尼伙伴。

乌塔尼即坦桑尼亚治世

坦桑尼亚治世(Pax Tanzaniana)是笔者为解释坦桑尼亚国内的乌塔尼概念,将之与罗马治世(Pax Romana)相比较后创议的概念。据古罗马历史记载,罗马治世是罗马人统治时期所使用的概念,这一时期罗马公民可以在罗马境内自由移动。罗马治世的本意是"在罗马统治下的和平"。罗马帝国前两百年的罗马治世始于公元前 27 年奥古斯都(即屋大维)统治时期,终于公元 180 年马可·奥勒留统治时期。奥古斯都为罗马帝国的统治打下了坚实的基础,罗马帝国的版图延伸至北非与波斯。在罗马人的统治下,罗马帝国境内的所有公民都要向帝国纳税,并受罗马军队的保护。

同样的情况也存在于在英国治下的坦噶尼喀。在英国人的统治下,国民被允许制定一些功能性的法律,同时由代表大不列颠女王在坦噶尼喀利益的总督统治。然而这种统治模式并未影响到乌塔尼的基础。在殖民时期以前,每个部族都有自己的政权。直到殖民者进入非洲时,并没有一个权力集中于一身的统治者来联合各民族。很大程度上殖民统治从政治结构上看与罗马统治相似。尽管各殖民地规模有限,但是它们遍布世界各地。例如在旧殖民时期,来自不列颠群岛的英国人统治了全世界几乎一半的领土。这使他们骄傲地吹嘘自己是"日不落帝国",因为不列颠治下的领土横跨了所有时区,在不列颠境内,永远有区域是白天。

乌塔尼的优点

宝剑锋从磨砺出。乌塔尼是一种多民族间的和平契约。即便如此，对于不了解个中奥妙的人而言，想要理解乌塔尼在坦桑尼亚社会中的优点实属困难。理解乌塔尼优点的窍门在于要将目光聚焦在那些原本不具备乌塔尼关系的国家（肯尼亚、乌干达、卢旺达、布隆迪、刚果[金]、刚果[布]、索马里等）内部各部族的关系上。许多非洲国家的人民内部并不具有乌塔尼关系，这些人经常彼此争斗不休。就坦桑尼亚而言，如果一个部族与另一个可被称为塔尼伙伴的部族关系良好，那么整个部族就像是一个独立的国家与其他国家具有外交关系一般。

乌塔尼的另一个优点与在社会中传播爱与和平的宗教类似。在某些情况下，乌塔尼对社会的作用就像警察对公民的作用一样，并不是肉眼直接可见的。例如，一些坦桑尼亚史的专家称马及马及起义（Vita vya Maji Maji，1905—1906）的战线曾在坦桑尼亚南部省份（滨海省、林迪省、姆特瓦拉省、鲁伍马省和伊林加省）蔓延，因为生活在这些省份的很多居民彼此之间存在乌塔尼关系。在这场战争期间，一个部族的人往往能得到自己的塔尼伙伴部族的照顾，因为从基本上看，马及马及起义也是属于他们的战争。为了阻止战火蔓延至全境，德国殖民者向恩戈尼人和贝纳人的居住地派遣了大批军人以镇压他们所谓的"叛乱"。

由于坦噶尼喀许多部族间都存在乌塔尼关系，因此坦盟能够迅速传播其政策。不仅如此，坦噶尼喀境内斯瓦希里语的发展和扩散很大程度上也是坦噶尼喀的部族间乌塔尼关系的结果。这是因为人们相信斯瓦希里语是塔尼伙伴的语言。斯瓦希里语是塔尼伙伴们用来互相交流、互相打趣的语言。

早在欧洲人进入坦噶尼喀之前，乌塔尼就在坦噶尼喀各部族内部扎下了根基,并为后来尼雷尔总统寻求独立的奋斗提供了助力。譬如国内某地的政治家去到另一个地区时,他会发现自己就像回到兄弟、朋友中一样——因为他们是塔尼伙伴。姆万扎省的政治家会发现自己在戈戈人、卢古鲁人、扎拉默人、赫赫人、恩戈尼人等部族中来去自如,这种情况在肯尼亚就很难发生,那里的基库尤人和卢奥人没有乌塔尼关系。

乌塔尼常使处在悲痛中的人深思。基于乌塔尼关系的原则,一个人因被自己的塔尼伙伴开玩笑而生气是一种大错,同时如果一个人不帮助自己身处困难之中的塔尼伙伴也是一种大错。所以塔尼伙伴是我们困难时期的好帮手。比如,为了缓解天灾人祸带来的种种哀思,塔尼伙伴需要及时提供情感支持,不过应以轻松、幽默的语言鼓励之。塔尼伙伴应展现其同情、友爱,在困难时期建立一种积极的情感氛围。以灾难时期为例,塔尼伙伴常通过挑水、收集柴火、做饭、埋葬亡者、宽慰生者等方式来化解沉痛的氛围。这一切背后的逻辑在于事实上如果人人都因悲痛而枯坐不动,那么问题永远不会得到解决。悲伤具有叠加的作用,会削弱本就遭受灾祸的人。在困难时期讲两句玩笑话是塔尼伙伴表现其悲伤而非幸灾乐祸的方式。如果不在某些事情上开开玩笑,人们的生活将满是悲伤。

乌塔尼常为人们树立一种在塔尼伙伴领地内任何地方都能够享受安全的信心,或者当他们身处其他与塔尼伙伴类似的人群——即传统兄弟和朋友所在的地区时也同样成立。这样的信念是社会内部实现和平的基础,因为猜忌、忧愁、疑虑以及人们对生存和安全的悲观情绪常会导致人们对生活绝望,继而引发动荡。

乌塔尼关系就像一种血浓于水的友谊,贝纳人将其称为 Vanyahimamiye(从他们的 hinyahumamiye 关系中发展而来)。在某些情况下,塔尼伙伴间的合作甚至比血亲兄弟更加紧密。总之,乌塔尼仍是坦桑尼亚和平的重要支柱之一。斯瓦希里语确实推动了乌塔尼的发展,不过它不是乌塔尼的基础。乌塔尼使人们能够抛开宗教习俗、教育水平、部族背景的差异相互合作、相互打趣。从维多利亚湖一直到鲁伍马河,从坦噶尼喀湖到印度洋,乌塔尼使坦桑尼亚人联合起来。调查研究显示在坦桑尼亚,没有任何一种政策、哲学或观念能够像乌塔尼这样有力地联合起坦桑尼亚人。乌塔尼作为坦桑尼亚各部族文化传统的一部分,是推动社会进步的重要且灵活的概念。

简而言之,坦桑尼亚既有的和平是其和平文化——乌塔尼的产物。乌塔尼是一种人们在困难时期相互扶持、相互帮助的哲学。尽管它的侧重点并不是发展问题,但依然是一种着眼于社会活力与安全的进步哲学。很遗憾坦桑尼亚没有将其用于经济建设领域。乌塔尼常使得坦桑尼亚人将彼此看作兄弟伙伴,这也是他们总是看起来很平和、友善、充满热情,某种程度上甚至会忽视另一方正在掠夺他们的财富或阻止他们享受更好的生活的原因之一。乌塔尼一定程度上削弱了 hinyawigimbiye 或 muvembulwabwe 的生活方式,即每个人在自由经济体制下的生活。

正如本文一开始所提到的那样,人们之所以提出乌塔尼,是为了阻止各部族之间的纷争,同时在他们中建立起一种兄弟关系。关于这一哲学能否被非洲不同民族、国家的人群接纳并持续推广仍待讨论。在 21 世纪,坦桑尼亚人能够通过什么方式来发展或维持乌塔尼文化?例如,姆贝亚省省长对受地震灾害影响而住房受损的仑圭区(Wilaya ya Rungwe)居民所说的话,若是从尼亚库萨人的塔尼伙伴口中说出,就不会引起任何争议,不幸的是,这位省长完全不是尼亚库萨人的塔尼伙伴,因此这些尼亚库萨人才会认为这位领导人是在取笑甚至是侮辱他们。

结　语

人类的战争往往始于其才智,寻求和平的方法也必蕴藏其中。(各部族间的)乌塔尼是坦桑尼亚人为世界和平文化之发展所作出的巨大贡献。

有鉴于此,笔者建议加强关于乌塔尼的研究,为下一代传承这一哲学寻找合适的方法。联合国教科文组织从坦桑尼亚的乌塔尼中无疑可以汲取许多重要的智慧成果。

如果全体坦桑尼亚人都能意识到建立和发展和平机制的重要性,那将意义非凡。即便如此,这一机制也只能在人们具有相当的教育水平、生活富足的前提下发挥最大作用。因为饱受饥饿、贫穷、愚昧和疾病困扰的人只会一直充满怨气。乌塔尼无法在贫穷、愚昧和疾病的环境里繁荣。这就意味着在 21 世纪,乌塔尼的重心应落在和平、发展和良善政治等领域内。这就是本文所要传达的最核心的观点。